富永雄輔

「頭のいい子」の育て方

AIに潰されない

GS
幻冬舎新書
737

はじめに
備えない人は息絶え、備えた人は生き残る

新型コロナが流行するまで、大半の人が名前すら知らなかったはずの「Zoom」が、今やさまざまな場面で当たり前のように使われています。いつの時代も私たちは、環境の変化に合わせ、自らも変わり続けているのです。本書を手に取ってくれているみなさんも、しっかり対応してきたことでしょう。

ただし、これから十数年のうちに起きる変化は、これまでとは次元の違うものになります。それゆえ、**今の自分を良しとしている成功者ほど、対処法を誤り、痛手を負う確率が高い**のです。

しかも、その痛手は半端なものではありません。変化のスピードがものすごく速いため

に、あれよあれよという間に仕事を失い、**勝ち組から底辺に転落していく人が続出すると**私は踏んでいます。

さらに、子どもたちへの影響は甚大です。変化の本質を親が正しく理解し、素早く手を打てるか否かによって、子どもの将来はまったく違ったものになっていきます。**親の認識次第で、子どもを潰しかねない**のです。実際に私は、そうした懸案事例を目の当たりにしています。

私は、東京で「VAMOS（バモス）」という学習塾を経営し、自らも生徒の指導に当たっています。VAMOSは吉祥寺からスタートし、四谷、浜田山、御茶の水、月島と拡大してはきたものの、大手と比較したら非常に規模の小さい塾です。また、入塾テストは一切行わず、先着順でどんな生徒も受け入れています。

それでも、志望校への高い合格率を誇っているのは、一クラス10人程度に絞り、一人ひとりを丁寧にフォローしているからだと自負しています。つまり私は、変わりゆく教育環境と、そこで奮闘するレベルの異なる個々の子どもたちの状況を、深く理解できる立場にあるわけです。

一方で、私はサッカーをはじめとするスポーツ選手のマネジメントにも携わっています。

そのビジネスを通して、これからの若者たちがグローバルに活躍するために必須の要素が、大きく変化しつつあることも肌で感じています。

こうした経験を生かし、気づかぬうちに危険水域にいるみなさんに、「どうか変化に備えてください」という強いメッセージを発するのが本書の目的です。

詳しい変化の内容は本文に譲りますが、**大事なのは直視して備えること**です。

これからの時代に起きることが、私たちにとって正しいか正しくないかを論ずるつもりはないし、そんな時間もありません。

ただ、**間違いなくすぐに、それはやってきます。**

大地震よりも確実に到来し、その時期も想像できる激変。**備えない人は息絶え、備えた人は生き残るでしょう。**

2024年7月　富永雄輔

ＡＩに潰されない「頭のいい子」の育て方／目次

終章 これからを生きるためのヒント

構成　中村富美枝
協力　宮原陽介
（アップルシード・エージェンシー）
図版・DTP　美創

第1章　AI登場で、まさに今そこにある危機

加速度的に、AIが人間の仕事を奪っている

改めて私が言うまでもなく、今後はAIに取って代わられ、職を失う人が続出します。

実際に、スーパーのレジはどんどんセルフタイプに変わっています。かつては「レジ作業の速いパートさん」は店にとって財産だったものの、必要がなくなれば一瞬にしてクビを切られてしまうわけです。

しかも、そうした変化は今後、すごいスピードで進んでいきます。今のところはまだ、買い手側に不正がないかなどをチェックしたり、操作をサポートしたりする人員が配置されていますが、それもすぐに不要になるでしょう。

飲食店の注文や配膳はもちろんのこと、たとえば「○○の窓口」「○○インフォメーションセンター」のような、「誰かが対応してくれるだろう」はずの場所も、待っているのはロボットであることが珍しくなくなりました。

ファミレスでは、注文はタッチパネルで行い、ロボットが料理を運んでいます。アメリカ・サンフランシスコでは、2023年に完全自動運転の無人タクシーの運用が始まりましたし、日本でも2026年には無人タクシーのサービスを始めることを、ホンダと米ゼ

ネラルモーターズ社がついに発表しました。

また、人手不足が深刻化している建設現場でも、ＡＩの活用が進んでいます。ある日のテレビニュースの画面には、ブルドーザーやクレーン車などが行き来し、山を切り崩したり土砂を運んだりといった、よくある工事現場が映し出されていました。しかし、よく見ると、どの車両にも人が乗っていません。それらは、現場から遥かに離れたところにある操作ルームで動かされているのです。

取材されていた操作スタッフは女性で、子育てや家事の合間を縫い、都合のいい数時間を選び働いている人もいるとのこと。服装もラフで、若い女性スタッフの足下はキャラクターが描かれたサンダル履きという軽装でした。

この方法なら、リアルな建設現場で起きがちな事故が彼女たちを襲うことはありませんから、ヘルメットすら必要ないわけです。

当然、雇用主にとっても従業員が怪我をするというリスクが減るし、遠く離れた工事現場に行く必要がないので働き手も見つけやすく、よりチャレンジングなビジネスを展開しやすくなるでしょう。

一方、旧態依然としたスタンスでいる働き手は淘汰されます。たしかに、今この瞬間に限って言えば、建築業界は働き手不足です。だから、ある程度の経験を持つ人は重用されるでしょう。しかし、それもいずれ終わります。

企業が求めている「働き手」は「人」とは限りません。「ロボット」でもいいのです。むしろ、ＡＩ化を進めた企業にとって、古い人は邪魔になるでしょう。

5年後に、2割の職業は消えている!?

このように、私たちの生活に即した場所に次々と新しいシステムが入り込み、「昨日まで〝いた人〟」が消えてしまったケースをあちこちで目にするようになります。

リアルに、ＡＩは人間の仕事を奪うのです。

さて、ここまではみなさんも充分に理解しているだろう話です。問題は、**実はその理解ではあまりにも浅く、あまりにも遅い**ということなのです。

先に挙げたような事例は、私たちに起きている変化のごくごく表層的な部分を示しているに過ぎません。従来のＡＩが、与えられたデータを大量に学習することによって、これまで人がやっていた仕事ができるようになっただけ。言ってみれば、「優秀な作業員としてのＡＩ」が誕生しただけのことです。

しかし、すでにいろいろな識者も述べているように、チャットGPTに代表される生成AIの出現で、多くの「仕事そのもの」が消えていきます。私は、**5年後には今ある仕事の2割はなくなっている**と踏んでいます。

しかも、**なくなる仕事は、ホワイトカラーに集中**します。生成AIは、単純に言われたことをやるのではなく、自ら計画し、さまざまなコンテンツを生み出すことができます。つまり、「自分の仕事は『考えること』だからロボットには代替できない」と思っていた人たちの仕事は、優秀な生成AIに簡単に取って代わられるのです。

スマホで不要になったのは「モノ」、AIで不要になるのは「ヒト」

私が社会人になった当時、多くの人がいわゆるガラケーと呼ばれるタイプの携帯電話を使っていました。その頃はすでに電波状況も良くなっており、私もどれだけその存在に助けられたかわかりません。

そして、米アップル社が開発したiPhoneを、ソフトバンクが導入したのが2008年。翌2009年には、NTTドコモがアンドロイド搭載のスマホを売り出しました。

しかし、ガラケーと比較して値段も高く、ポケットに入れて持ち運ぶにはずっしり重いスマホは、評価がイマイチでした。

私自身、「パソコンもあるのに、誰がこんなもの使うんだよ」と思っていた一人です。

それが今や、スマホなしの生活は考えられません。

現在、10代から20代の約97パーセントはスマホを所有しています。パソコンに触ったことすらない人でも、高齢者でさえもスマホは持っています。今では自治体も、スマホを持っていることを前提とした手続きをしているほどで、まさに、あっという間に浸透しました。

私は、**同様のことがチャットGPTについても起こる**と思っています。今はまだ「よくわからない」だの「なんだか怖い」だのと様子見している人もいるようですが、そうした人々も否応なく利用するようになり、すぐに「チャットGPTがない世界なんて考えられない」と言うようになるでしょう。

もちろん、チャットGPTで終わりではありません。**現時点では想像すらできない機能を、生成AIは続々と可能にしていく**でしょう。「そんなのあり得ない」ということが、数年以内に誰にとっても「ないなんて考えられない」になります。今の私たちがもうスマホのない生活なんて想像できないのと同じです。私たちはすでに、AIなくして生きられない世界に足を踏み入れているのです。

それが、なにを意味するのでしょうか。

スマホの普及によって必要がなくなったものはたくさんありますね。公衆電話はもちろん、さまざまなポイントカードや紙の証明書類も減ってきました。電子マネーが当たり前になれば、近いうちに財布もなくなるでしょう。実際、もう長財布のような大きな財布を使わない人が増えています。

それらの製造に携わってきた人たちにとっては困ったことですが、スマホのおかげで格段に便利になったと感じている人が大半でしょう。すなわち、私たちはスマホを歓迎し、使いこなしているわけです。

ただし、AIに関しては、そう単純にはいきません。**AIが発展していくことによって不要となるのは「モノ」ではなく、間違いなく「ヒト」**だからです。

誰が、どんな職業が、不要になるのか

では、不要となるのはどんな人たちなのでしょう。

スーパーのレジ係をはじめとした、さまざまなサービス業の働き手が、すでに姿を消し

つつあるのは前述したとおりです。

でも、彼らは「本丸」ではありません。**本当にこれから淘汰されていくのは、平均よりも高い収入を手にしていたホワイトカラーです。**

弁護士や税理士などの「士」業。

銀行や保険などの金融関係に勤める人たち。

企業で人事や経理、監査などに従事している人たち。

こうしたエリート層のホワイトカラーは、少なく見積もって800万円から1200万円くらいの年収を手にしています。

データを正確に分析したり、シビアな判断を下したりする能力が求められる職種だからこそ、高い給料を手にしてきたと言ってもいいでしょう。

しかし、**「データを正確に分析し、シビアな判断を下す」というのは、AIが最も得意とする分野**です。AIに「情」はいささかも絡みません。しかも、人間よりもAIのほうが、蓄積できる情報が遥かに多く、分析や判断のスピードも速く、さらにミスも格段に少ないとなれば、誰が高い給料を払ってホワイトカラーを必要とするでしょうか。

医師ですら例外ではありません。患者の主訴や検査データから、正しい病名や理想の治療法を探し当てるのはＡＩのほうが得意です。ＡＩなら誤診もほぼないでしょう。私が病院経営者だったら、生身の医師だけに頼ることはしません。

現在、高給取りのホワイトカラーとして最も活躍し、高い地位にいるのは40代から50代です。彼ら自身の多くはチャットＧＰＴも使いこなしていないため、自分が淘汰の渦中にいる実感を持てていません。あたかも台風の目の中は静かなように。

そして、「あれ？」と思ったときには、抗いようもない突風に吹き飛ばされてしまうのです。

VUCAの時代。親の認識次第で、子どもに格差が生まれる

私が経営している塾の子どもたちを見ていると、幼いなりに彼らは「変わりゆく世界」にしっかりついて行っています。特別な説明を受けるまでもなく、彼らにとって世の中はどんどん変化するのが当たり前であって、確実なものなどありません。

現に、今の時代についてVUCA《ブーカ》という言葉で語られるのを聞いたことのある人も多いでしょう。ＶＵＣＡは、Volatility（変動性）、Uncertainty（不確実性）、Complexity（複雑性）、Ambiguity（曖昧性）の頭文字。変化が目まぐるしく、未来の予測が困難で、「正

解」の見えない時代であることを、一言で表しています。

問題は親世代です。

世の中は変化することを理解しつつも、「だからこそ、変化に負けない確実な職業を」などと考えている人が多いのです。

とくに、50歳近くともなると、弁護士だったり、公認会計士だったり、大企業の役員クラスに上り詰めているような人だったりは、同窓会に行けば「確実な仕事に就いている成功者」として扱われているはずです。つまり、遠からずＡＩに淘汰されてしまう職業にもかかわらず、いまだに「価値のある仕事」と思っているし、思われているわけです。

しかし、**確実な道を歩もうとすることは、これからの時代、崩れゆく崖を歩くのと同じ**で、リスク以外のなにものでもありません。

にもかかわらず、まだ30代であっても、そうした発想転換ができていない人がたくさん見受けられます。

彼らは、子どもたちが鋭い肌感覚で進もうとしているのに、その道を理解できず、自分の価値観の古さに気づかず、**良かれと思って我が子をミスリード**してしまいます。

私の塾では、親子揃っての面談をよく行います。加えて、子ども本人とだけ話すこともあるし、親からの相談を受けることもあります。要するに、子どもたちの傾向と親たちの傾向の両方がわかっています。

そうした経験を通して強く感じるのは、「一部の〝わかっている親〟だけが、相当先を走っている」ということです。

大半の親は、我が子の将来どころか、今はそこそこ稼げている自分の数年後がとんでもないことになっている可能性についてさえも、大甘な認識しか持っていません。

一方で、かなり鋭い親はすでに動き始めており、**結果的に、子どもたちに大きな格差がついてしまう**だろうと思えるのです。

ユーチューバーという仕事を受け入れられない親が迎える末路とは？

ユーチューバーなる若者が登場し、「なんだそりゃ」と半分バカにして見ていたら、我が子が「将来はユーチューバーになりたい」と本気で言い出した。今〝ちゃんと稼げている親〟としては、さぞかし心配なことでしょう。

みなさん親世代は、誰でも知っている職業や、誰でも知っている会社に大きな価値を見いだしてきました。そうでなくとも、小さな会社を選んだり独立したりしたことのある人は、その先にでっかい目標を掲げていたのではありませんか？

少なくとも、自分で撮影した映像をインターネット上で公開することなど、到底仕事とは捉えなかったはずです。もしかしたら、「そんなことは、まともに仕事に就けなかったやつが暇つぶしでやっているんだ」などと考えていたかもしれません。

しかし、子どもたちの頭の中にある仕事のイメージは、親世代とはすっかり異なっています。

20年くらい前までは、はっきりとした姿の見えないインターネットの世界はリスキーなものだと思われていました。ところが、ＧＡＦＡ（Google・Apple・Facebook〈現 Meta〉・Amazon）の存在が、そうしたイメージをすっかり変えました。子どもたちにとって、ユーチューバーは立派な仕事であり、非常にかっこいい憧れの存在なのです。

「ユーチューバーはかっこいい」と思っている子どもは、「なんだそりゃ」と思っている親より、遥かに時代に適応しています。とはいえ、ユーチューバーもいずれは化石になるでしょう。だから、親は「その先」を示してあげねばなりません。

子どもは感覚が鋭くても、どうしても計画性に欠けます。そこで、「わかっている親」が、一緒に考え導いてあげることによって、その子が大化けする可能性が生まれます。

自分の古い価値観に引きずられ、子どもを潰してしまうのか。
新しい子どもの道を一緒に探ることで、自分も生まれ変わるのか。

「今、成功している親」に、それが問われているのです。

学歴も社名も意味のない時代が、すぐそこに

1994年くらいをピークに、浪人する人が減っています。少子化で競争率が落ちたというだけでなく、**若者が浪人する意味を見いだせなくなっている**からです。

よほど東大にこだわるとか、医学部を目指すといった特殊なケースを除いて、多くの高校生が現役で合格した大学に進みます。もちろん大学入試制度のたびたびの変更も影響しています。以前は、MARCH（明治大学・青山学院大学・立教大学・中央大学・法政大学）のどこかに受かった人が、浪人して早慶にチャレンジするというケースが多かったけれど、今はそうではありません。そのくらいの学歴の差のために、浪人することは選びません。

そもそも、大学名に執着するなら、社会人になってから学歴ロンダリング（自分の出た大学よりレベルの高い大学院に進学すること）をすればいい話です。

それになにより、**これほど変化の速い時代に、浪人している1年間はもったいない**。早くどこかの会社に入ってなんらかのスキルを身につけたいと、今の若者たちは考えています。

もちろん、彼らにとって「どこかの会社」が終着点ではありません。たとえ有名企業であろうと、そこで出世していくことを考えている若者はほとんどおらず、最初から「3年で辞める」くらいのつもりで入ってきます。

要するに、学歴にも就職先にもたいして関心がない。親世代のように、そこに価値を見いだしてはいないのです。

では、**なぜ大学に行くのかといったら、「人」との時間を持つため**です。

デジタル化が進めば進むほど、人間関係は希薄になります。しかしながら、私たちは人との繋がりがなくては生きていけません。いくらＡＩネイティブの世代でも、それは同じです。

彼らは大学で、サークルに入り、友人をつくり、飲みに行って馬鹿話をしたいのであって、一生在籍する会社に入るために有利な条件を整えたいのではありません。となれば、なおさら**大学名は関係ない**わけです。

学生が大学名にも会社名にも頓着せず、就職しても3年で辞めるくらいのつもりであることに、企業も気づき始めています。だから、企業も学歴にこだわらなくなるでしょう。実際、これからは学歴より職歴が問われるようになることも予想されます。**最後までこだわっているのは、古い価値観の大人**ばかりということです。

すでに私たちは、AIに操られている

もともと私たちは、なにかの根拠として数値を欲しがりました。偏差値も会社の人事査定もその一つであり、デジタル化が進めば、スコア化はさらに進みます。

スコア化は、コストパフォーマンス・タイムパフォーマンス（以下、コスパ・タイパ）の面で非常に優れていますが、一方で、案外大事なものを見落とします。

新型コロナが流行《はや》り始めた当時は、盛んに「体温37・5度」が用いられました。美術館もイベント会場も飲食店も……あちこちに体温計が用意され、「37・5度以上の人はお断りします」という姿勢が貫かれました。

では、37・4度なら感染の疑いはないのかといったら、医師ですら確かな返事はできなかったはずです。ただ、なにか判断の拠り所が必要だったために、みんなでそのスコアを

基準に動いていたわけです。

スポーツのチームが新たに選手を選ぶときにも、たびたびスコアによる選別が行われます。たとえば、身長175センチ以上という数値基準を設ければ、174・5センチの人ははじかれます。どれほど優れていても、はじかれるのです。

それでも、こうした事例においては、多くの人が「合理化のためには仕方ないのだろうけれど、本当はもっと丁寧に個別に見たほうがいいのに」と感じるはずです。

問題なのは、自らのコスパ・タイパを追求するために、良かれと思ってやっていることが、スコア化に操られているだけの結果になっているケースです。

今、飲食店を選ぶときに、多くの人が「食べログ」などのサイトを活用しますね。あれも、こちらは使いこなしているようで、実は操られている側面が多々あります。

評価スコアが高ければ、「美味しいはずだ」と思い込み、思考停止したまま迷わずに予約してしまう。

「美味しいはずだ」と思い込んでいるから、バイアスがかかって実際の味の評価も甘くなる。

逆に、評価が低ければ、自分が「良さそう」と思っていてもためらってしまう。

それによって、本来だったら自分にとってはすごく良かったかもしれない店との出会いの機会を喪失する。

誰かを接待するときなど、「ここにしよう」と決めていた店の評価が低いと、予約する勇気がなくなる。

誰かに接待されたときに、その店の評価が低いと複雑な気持ちになる。

しかし、隠れた名店というのも間違いなくあります。

このように、スコア化のマイナス要素はいくらでも出てきます。

とはいえ私は、こうしたサイトを否定するつもりは毛頭ありません。これからの時代、ＡＩと組んだスコア化がどんどん進むのは止めようがありません。そうしたものは、大いに利用したらいいでしょう。**利用できなければ、落ちこぼれてしまいます。**

ただ、そのときに、**「利用しているか、利用されているか」という検証は必要**です。

すでにＡＩは、人々が考えている以上に深く、私たちの生活に入り込んできています。

ＡＩとはうまく付き合わないといけません。抵抗している時間があったら、いち早くＡＩの使い方をマスターしましょう。大事なのは、ＡＩに淘汰される側ではなく、ＡＩを使える側に入ることです。

「1パーセントの人が99パーセントを支配する時代」を覚悟せよ

データ処理能力では、人間はＡＩにはかないません。だから、ＡＩが得意な分野にしがみついていれば、潰される人間が次々と出てきます。

逆に、人間を遥かに超えた処理能力を持つ**ＡＩを徹底的に使いこなせる立場になれば、その人はこれまでの何百倍もの成果を出せます。**しかしもちろん、そういう人はほんの一握りです。

ということは、**これからのビジネス界では、１パーセントの人が99パーセントの人を支配するようになる**わけです。しかも、**１パーセントの人が扱う額が莫大になるので、その格差はどこまでも拡大します。**

そういう時代が、**「やがて」**来るのではなく、**「すぐ」**来ます。

新しい時代には、なにか才能のある人間はどんどん稼げるし、なにも才能がなければどんどん落ちていきます。そして、新しい時代に求められる「才能」は、親世代であるみなさんが共有していたものとは違い、実に多様化しています。

だから、**「今、成功している親」ほど危険**だとも言えるのです。

一方で、多様化しているがゆえに、希望もあります。

以前のように、いろいろな科目で優秀な成績を収め、東大や医学部に進学できる人間だけに才能が見いだせるわけではありません。理科だけが得意だったり、絵が上手だったり、討論に強かったり、あるいは**性格がいいというのも才能になり得ます。**

そうした特性のうち、明らかに突出したものがあるなら、それをとことん伸ばしてあげれば1パーセントのすごくできる人になるでしょう。

それが見当たらない場合は、いくつか伸ばせそうなところを掛け合わせていくことで、その子だけの強みにしていくことが可能です。99パーセントの中にあっても、豊かに暮らしていくことができるでしょう。

これからの親は、我が子に対して、それを絶対にやらなければなりません。凡庸な子どもを凡庸なままにしておかず、**その凡庸さの中からマネタイズできる要素を探し出し、掛け合わせて、生き残れる道を創出してあげましょう。**上司と部下も同様です。

「努力すれば道は拓ける」の教えは危険！

1パーセントと99パーセントに分かれる世界で、〝1パーセント〟になるのは非常に大変です。そこには、生まれながらの「天才」がいます。これはもう、どうにもなりません。

しかしながら、親であるみなさんの世代までは、「量」が大切だった時代なので、天才でなくとも努力すればいわゆる「勝ち組」にはなれました。今、成功している人たちの大半がこのタイプです。

だからこそ、現段階の成功者は我が子に、自分と同じように努力すれば道は拓けると教えがちです。

でも、これからはその価値観は通用しません。ただ努力するだけでは99パーセントに入ることは間違いないし、その中でも〝底辺〟に行きかねないのです。

大事なのは、99パーセントの中に入っても幸せに生きられること。大金持ちになんてなれなくてもいいから、食べていける人になることです。

そのために、**成功している親こそ、価値観を転換する必要がある**のだと私は繰り返し述べているわけです。

そもそも、幸福の価値観が親世代と子ども世代では大きく違っています。**今の若者たちの幸せの基準は多様化しており、社会的成功は必ずしも幸福感とリンクしません。**

親は子どもを愛し、その幸せを願っている。

子どもは親を信頼し、アドバイスを求めている。

この構図は昔も今も変わりません。

しかし、私たちを取り巻く環境が激変しているために、これまでと同じ認識では、みなさんは潰れ、愛する子どもも潰してしまいます。

そうならないためにどうすればいいのか、次章からより具体的に見ていきましょう。

第2章

AIに潰されない人材になるために、時代を正しく理解する

「ホワイトカラーが中途半端」という時代の到来

今のところ、とくに飲食業や小売業においてＡＩの活躍が目立っています。

こうした業界はアルバイトの時給も比較的低く、以前から人手不足が言われていました。そのため、ＡＩを導入したことによるマイナスの影響はほとんど出ていません。

また、前述したように２０２６年には無人タクシーが走ると言われていますし、流通業におけるトラック運転手の不足問題も、ＡＩを活用することでいずれ解決に向かうでしょう。

となれば、ホワイトカラーの人たちは、こんな気分になるかもしれません。

「ＡＩ、いいじゃないか。俺たちの生活が便利になって」と。

しかし、第1章でも述べたように、**ＡＩがより進化すれば、一番危ないのはそのホワイトカラーです。**

具体的には、年収８００万円から１２００万円くらいの、「自分はそこそこ稼いでいる」という自覚がある人たちの仕事の半分が、早晩消えてなくなるのではないかと私は思っています。

なぜ、年収800万円から1200万円なのか。客観的に、経営者の立場になって考えてみましょう。

たとえば、年収300万円相当の労働を代替するためにロボットを導入するのは、その経費を考えると得策ではありません。そのまま、人を使っていたほうが安く上がりそうです。

一方、2000万円を超えるような年収を得ている人は、経済的に見てもかなり高い価値をつくり出す仕事をしているはずです。それをAIに代替させるのは、結構な手間がかかるでしょう。

このように見ると、**経営者が「ここをAIに置き換えたら手っ取り早く経費削減できる」と考える層はどこか**といったら、今そこそこ稼げている人たちです。

彼らは、**頭を使ってデータをいじる仕事**に従事していることが多いですが、それはAIが最も得意とするところです。典型的な例を挙げれば、取引銀行に提出する書類の作成など、AIのほうが間違いがないし、短時間に多くの仕事をこなせるでしょう。

加えて、800万円から1200万円の年収を得ている人はそれなりの人数がいるので、**AIへの「替え甲斐」が非常に大きい**のです。

もちろん、現場からは相当な抵抗が起きるでしょう。誰だって、自分の仕事は失いたくないですから。企業の中核にいる人たちが団結して抵抗すれば、ある程度は持ちこたえられるかもしれません。しかし、スマホの普及スピードを見ればわかるように、この変化はもはや止めようがありません。

その仕事、本当に「人」でなければダメなのか

チャットＧＰＴなどの「生成ＡＩ」によってホワイトカラーの人たちが職業を失い始めるのに続き、性能のいいロボットが登場することで、**ホスピタリティが必要とされる職業にも変化が訪れるはず**です。

たとえば、**看護師**、**保育士**、**介護士**なども、いずれ減員は進むでしょう。

看護師について言えば、患者の体温や血圧の測定、ルーティーンの投薬などはロボットに任せ、その分、心身の症状に関する具体的訴えについては生身の人間が聞く……というように分業体制にすれば効率的です。

保育士はどうでしょうか。「さすがに、子どもの命を預ける保育士をロボットにやらせるわけにはいかない」と考える人が多いはずです。でも、本当にそうでしょうか。

もちろん、ほとんどの保育士は献身的に素晴らしい仕事をしているわけですが、残念ながら一部、子どもを虐待するようなケースがあるのも事実です。その点、ロボットならば安心とも言えるのです。

とくに、トイレでの排泄を手伝ったりおむつを交換したりという作業においてロボットを活用すれば、小児への性犯罪は減るでしょう。

介護の現場でも、人間がいなくなれば虐待はなくなります。また、朝になったら患者を起こして車椅子に移す、というような力仕事も、ロボットのほうが得意でしょう。

ただ、いずれの現場も、ロボットだけでは回りません。やはり人間は必要です。人間とロボットの「共存」は必須です。

要するに、これからは**数少ない人が**、多くの**ロボットを使って仕事をする**ようになります。**問われるのは、その〝数少ない人〟になれるかどうかです。**

みなさんの子ども世代はもちろんのこと、みなさん自身も、すでにその瀬戸際に立っています。

ちなみに、東大生おすすめの漫画としても有名な『宇宙兄弟』では、月にいるスタッフがすでにＡＩロボットになっています。

アイドルすらＡＩの時代。人間に求められるのは「見た目」ではなくなる？

初音ミクというバーチャル・キャラクターが登場したとき、みなさんはどう感じたでしょうか。「一部のオタクの世界」と捉え、まったく注目しなかった人が大半なのではないかと思います。

しかし、初音ミクは大スターになりました。バーチャルでありながらインターネットの中に留まらず、リアルなコンサート会場を満員にしてしまう彼女の存在が、音楽シーンを大きく変化させたのは疑いようがありません。

もう、アイドルもＡＩでいいのです。これから、アイドルの多くがＡＩに取って代わられるでしょう。実際、すでにＡＩグラビアがすごい進化を遂げています。

私も若い頃はアイドルに熱を上げましたが、相手が生身の人間だったからこそ「もっと知りたい」「近くに行きたい」と思えました。しかし、ＡＩネイティブ世代にとって、生身の人間はかえって煩わしいのかもしれません。

さらに大きいのが、ＡＩならいくらでも加工ができるという点です。

女性に好かれる男性、男性に好かれる女性、あるいは、年齢や性別に関係なく好感度が高い人物……それらについて顔やスタイル、声、話し方などのデータをたくさん収集し、

ＡＩに覚え込ませれば、理想のアイドルが生み出せます。

疲れて帰ったときに、そのアイドルが挨拶してくれたり、会話を交わしてくれたりすれば、相当に楽しいことでしょう。たしかに、あれこれ気を遣わなければならないわがままな恋人より、いつでもニコニコしてくれているＡＩアイドルのほうが、ずっといいという人もいるでしょう。

こうした状況において、人間のアイドルが生き残れるとすれば、よほどの個性的な魅力が必要になります。むしろ、見た目はたいした要素ではなくなるかもしれません。どのみち**ＡＩに負けてしまう見た目より、ＡＩでは難しい「人間ならでは」の温かみや優しさ、面白さなどが重要になってくる**気がします。

そして、ここでわかるのは、これから起きる変化は、**ある人にとっては厳しいものである一方、ある人にとってはチャンス**になるということです。だからこそ、その変化に鈍感ではいけないのです。

「会う力」を一部の人が独占するようになる

リモートワークを経験したみなさんは、すでに充分に理解していると思いますが、ＡＩ

の進化とともに、ほとんど人と会うことなく成立する仕事が増えていきます。

これまで、みなさんの周囲には、定例会議に出席しているだけで仕事をしているつもりになっている人もたくさんいたはずです。しかし今後、ＡＩは無情なまでに、そうした人たちの「無価値ぶり」をあぶり出していくことでしょう。

では、「会う」ことにまったく価値はなくなるのかといったらそれは違います。だらだらした会議や世間話に終始するような打ち合わせは無価値ですが、**一部、非常に価値ある面談も生まれます。**

たとえば、**営業活動**について考えてみましょう。

ＡＩが商品説明や購入手続きなどほとんどの作業をすることができるようになれば、営業スタッフはどんどん減っていきます。消費者としても、たとえば保険商品の購入など、生身の人間からあれこれ押し売りされるより、チャットＧＰＴに相談して自分に合ったものを選ぶほうが気が楽だというケースもあるでしょう。

消費者が気軽に検討してくれれば会社としてもありがたいし、人件費もかからないので、経営者は営業スタッフに代わるＡＩを大いに活用します。

一方で、**優秀な経営者なら、ちゃんと〝一部の人を残す〟**はずです。

というのも、私たち人間は、完全に人との関係を絶つことはできないからです。ときには、ＡＩではなく人間の意見も聞きたくなります。そのときに、「あの人の話なら聞いてみたい」と思って貰える営業スタッフなら、会社から捨てられることはないでしょう。

過去において、１００人の営業スタッフが必要であった会社でも、**今後は、一台のロボットと数人の特別に魅力のある人間がいれば回ります。**

その魅力とは、正しいデータを提示することでは生まれません。特別な話術なり人脈なり、**ＡＩではつくり出せないものを持っている人だけが残る**のです。

「学校選びのポイント」が明らかに変わってきた

人と会う機会が減る「クローズドの時代」には、その分、「たまに会うことの価値」が大きくなります。

たまにしか会わないのだから、つまらないものにしたくない。確実に実のある時間を過ごしたいし、それができる相手と会いたいと思います。

こうした欲求に応えるのが、「コミュニティ」です。とくに、**似たような価値観を持ち、似たような環境に置かれた人同士の「閉じられたコミュニティ」**が、これから大きな意味を持ってきます。

塾の経営をしていると、**今首都圏でホットなのは中学受験**です。が、今後、一部の親たちの間で、**小学校受験がより重要視されるようになる**でしょう。

たとえば、慶應の幼稚舎（小学校にあたります）受験がその最たるものです。そこを「お受験」させる親の期待は、子どもが「慶應大学卒業」という学歴を持つことだけではありません。慶應幼稚舎という閉じられた世界で構築される**コミュニティの一員になること。つまり、将来の人脈を得ること**を求めているのだと思います。

慶應の幼稚舎に限らず、学習院、青山学院、白百合……など閉じられたコミュニティを持つ小学校に子どもを通わせるため、親自身がその校風を研究し、必死で面接試験に臨みます。それはなぜでしょうか。

「小学校から通えばお金もかかるし、大学から進学しても結果は同じじゃないか」と思うでしょうが、違うのです。もちろん、大学から進学しても、いい学友はたくさんできるでしょう。しかし、小学校からずっと育まれている関係は、社会人になってからも強い繋がりを持ち、他人には入り込めない世界をつくり出します。

そして、多くの大事な場面で、彼らはその人脈を生かし、たくさんの成果物を手にするのです。さらには、その繋がりは経済的なことに留まらず、趣味など人生における楽しみの共有という大きな財産をもたらします。

次章で詳しく述べますが、学校の授業自体は、オンライン化が進めば進むほど格差がなくなっていきます。そのため、理解が早い親たちは、**「どんな授業を受けられるか」というよりは、「そこで誰と知り合うか」を学校選びのポイントにしつつある**のです。

「子どもに英語さえ習わせれば」と思ったあなたは危険！

日本の大学のレベルやそこでの研究レベルは、残念ながら、どんどん国際的地位を失っています。同様に、企業の競争力も落ちています。

加えて、日本は少子化が進み、マーケットが小さくなっていきます。そのため、なにかヒット商品を開発しても、国内で売れる絶対数が限られます。

こうした状況にあって、子どもたちの将来を「日本限定」で考えるのは、大きなリスクになり得ます。

人口がもともと少ない韓国では、「そもそも国内で頑張ってもたかが知れている」ことがわかっているために、最初から世界に出て行く若者が多く、政財界から芸能界までたくさんの人がグローバルに活躍しています。

これからは、日本でもそうした視点が求められることになるでしょう。というより、そうしないと未来が危うい！

……と言いましたが、我が事として実感できていないのはみなさん世代までで、**実は、若者たちはとっくに変わっているよう**です。サッカー選手の場合も、「まずは日本で活躍してから」ではなく、いきなりヨーロッパのリーグを目指す人が増えています。

同様に、灘や開成といった有名校の優秀な生徒の多くが、東大や京大を目指さず、大学から海外に行ってしまいます。**東大から有名企業に入ることが成功のモデルケースだったのは、もう過去の話**なのです。

今、世界中の企業が「優秀な人材」を欲しがっており、そこに国境はありません。一方で、醤油や味噌、和菓子、日本酒などをつくっているような日本の伝統的な企業も、新たなマーケットを求めて海外進出を果たしています。**これまでのような「日本で働く」「日本企業で働く」というスタンスを保ち続けることは、もはや難しい時代**なのだと思います。

海外にわたってグローバル企業に入るのか、自分で起業して世界的なビジネスを展開していくのか……。方法はさまざまでも、世界的視野は絶対に必要になってきます。

当然のことながら、親もそういう時代だと思って準備をしなくてはいけません。しかし、そこで**「英語さえしっかり学ばせれば一歩リード」と思ったら、その時点で失敗**です。

語学はＡＩが代替できる代表的な分野です。自動翻訳機能はめざましい進化を遂げています。そこに膨大な時間を使うのはもったいない。そんな時間があったら、**ほかの特性を磨かせるべき**です。

目の前に「原石が転がっている」ことに気づかないのは、大人の罪だ

今、アメリカのメジャーリーグで活躍する日本人選手が増えています。なかでも、大谷翔平選手はご存じのようにメジャーリーグ史上初めて、満票で2回目のＭＶＰを受賞したり、ホームラン王を獲得したりするなど、群を抜いた成績を収めています。

この大谷選手の大活躍ぶりについて、多くの評論家や関係者は、彼が「天才であること」に加え「努力家であること」を理由に挙げています。

たしかに、大谷選手が希《まれ》に見る天才であることは間違いないでしょう。そして、健康管理なども含めストイックに努力を重ねていることも事実です。

ただ、そこには、重要な視点が欠けています。**彼が今、二刀流としてメジャーリーグで**

通用しているのは、それを認めてきた大人たちがいるからです。

そもそも高校卒業時に、アメリカにわたり二刀流を貫きたいという希望を述べる大谷選手に対し、野球界の大半の人間が「プロでやっていくなら打者か投手かを選ぶべきである」と述べました。「ましてや、アメリカで二刀流など無理だ」と決めつける声も多く聞かれました。

さらに、大谷選手が日本のプロ野球で二刀流として活躍してからも、「これは日本でだからできたことだ」と言っていたり、メジャーリーグにデビューしてからさえも、「早く二刀流はおしまいにしたほうがいい」と言い続けていたりする人もいました。

彼らはべつに、大谷選手をディスっているわけではありません。良かれと思ってアドバイスしているのです。とくに、野球選手として大成した人は、自分の成功体験と照らし合わせ、確信を持って意見しているのでしょう。しかし、こうした成功者の意見にしたがっていたら、今の大谷選手はいません。

一方、当時ドラフトで大谷選手を1位指名した日本ハムの栗山英樹監督は、大谷選手の意向を尊重し、二刀流で活躍する道を拓き、かつアメリカに送り出しました。

栗山監督自身は、野球選手として大成功したわけではありません。だからこそ、自分をモノサシにして選手たちを測ることはせず、大谷選手の可能性を無限大のものと認めることができたのかもしれないと、私は考えています。

それにしても、なかなか栗山監督のようにはできません。たいていの大人たちは、自分の成功法則で若い人を育てようとします。そして、それなりに育てば「ほら、これでいいのだ」と考えます。しかし、その成功法則で育てていなければ、もっと大化けした可能性があることに、思いを馳せようとしません。

あるいは、**最初から「こいつはダメだ」と決めつけていた人は、その相手がダメなのではなく、自分が潰していただけだ**ということに気づきもしないのです。

野球に限らず、またスポーツに限らず、大谷選手のような天才はあちこちにいます。原石としてごろごろ転がっています。それを「俺の経験からすれば、これはただのつまらない石ころだ」と判断し、正しく磨こうとしない大人たちがおり、**素晴らしい原石を潰している**のではないでしょうか。

凡庸な能力の人ほど、「掛け算」で伸ばす

大谷翔平選手が二刀流にこだわる理由についてですが、私は勝手に、彼がそこに相乗効

果を見いだしているのだと思っています。「打者でも投手でも通用することを証明したい」などという陳腐なものではなく、「打者と投手の両方をやっているからこそ、どちらも伸びているのだ」と彼自身が確信しているのではないか、と。

実は、**こうした感覚こそ、新しい時代を生き抜く重要なカギ**だと私は考えています。

これまで、人の努力は「足し算」で増えていく時代でした。

1か月に10の努力をした人は、2か月後には20の、3か月後には30の実を得てきました。たとえば職人は、こうしてコツコツと技術を磨いてきたわけです。

しかし、これからは、**一つのやり方にこだわらず、一つの職業にこだわらず、一つの立場にこだわらず、いくつもの選択肢を生かしながら、「掛け算」で結果を増やしていくことを考える時代**です。

1か月に10の努力をした場合、掛け算ならば2か月後には100になります。言ってみれば**レバレッジをかけられる**わけです。

今後、そういう掛け算の働き方をする人たちが多く出てくるはずで、その中で職人気質の足し算にこだわっていれば、どんどん引き離されてしまいます。

だから、**掛け算はむしろ、大谷選手のような天才ではなく、凡庸な人ほどやっていかね**

ばなりません。

最初から〝全体の1パーセント〟に入れるような天才の逸材なら、足し算だけでも相当な成果は出せるでしょう。でも、〝99パーセント〟の凡人の中にいる場合、そこで上のほうに行こうと思ったら、選択肢をたくさん持ち、掛け算で自分を伸ばしていくことが必要です。

「一つしか選択肢がない」ことは、リスクでしかない

ＡＩによって、今ある仕事が次々となくなることが予想されている中で、**複数の仕事を持たないことは、そもそもリスクでしかありません。**

みなさんの子ども世代はもちろん、今、成功しているみなさんも、いくつもの異なることをどんどんやっていきましょう。やってみて合わなければやめればいいだけの話なので、躊躇する必要なし。柔軟になんでも挑戦してみましょう。

私自身、複数の仕事を持つという掛け算の仕事をしている一人です。

私は幼少期の10年間を、父親の仕事の都合でスペインのマドリードで過ごし、11歳のときに日本に戻りました。そして日を重ねるごとに、私の中で育っていった強い思いが二つ

ありました。

一つは、日本の教育に携わりたいということ。

スペインから帰って、私は日本の教育制度の素晴らしさを痛感しました。日本人は子どもでも礼儀正しく、ほぼすべての人が読み書きができます。これは、スペインでは考えられないことでした。

それなのに日本人は、どこか自信なげで、世界においても主体性を示せないでいることが残念でした。私は、グローバルに活躍できる子どもたちの成長を手助けしたいと考えるようになりました。

もう一つ、サッカーまみれで育ったスペイン時代の知識と人脈を生かし、日本人選手と世界のサッカー界の架け橋になりたいという思いがありました。

私は、二つのどちらかを選択するのではなく、どちらも実現しました。

今は、塾経営の仕事とスポーツ選手のマネジメントの仕事を通し、さまざまな世代のさまざまな状況に置かれた若者たちを見ており、それぞれの親とも交流しています。

そこでは、一方の仕事で得た経験が、他方の仕事に生きることが多々あります。まさに相乗効果で、掛け算のビジネスが成り立っているのです。

また、仕事が二つあることで、どちらかがダメになっても無収入にはならないという安心感も持てています。その安心感があることで、ほかの仕事も始めてみようかという余裕も生まれます。実際に、三つ目の仕事として焼き鳥店を始めようかと考えています。

だって、自分の3年後なんてわかりません。塾経営もサッカーの仕事も絶対に続いているという確信はまったくありません。もしかしたら、3年後には焼き鳥店のチェーンをやっているかもしれません。

これは、私に限ったことではなく、周囲にも同様の生き方を模索している人がたくさんいます。なかでも、30代くらいで転職を重ねている人たちには、まさに「掛け算の転職」をしているケースが多々見受けられます。

教え子の一人は、エンジニアとして働いていたコンピュータ会社から金融業界に転職しました。これまで培ってきた彼のＩＴスキルは、コンピュータ会社にずっと在籍していれば、普通の才能として埋もれてしまったかもしれません。一方、金融業界は、その規模の割にデジタル化が遅れており、かねてより問題視されています。そのアナログな世界に入ったことで、彼はＩＴスキルによって巨大な組織に大きな影響力を持つことができているのです。彼は今後、ＩＴスキルに加え、金融業界で得た知識や人脈なども武器にして、どんどん世界を広げていくことができるはずです。

こうしたケースとは逆に、ずっと一つの企業に勤めている人なら、自分の3年後はだいたい想像がつくでしょう。**自分の3年上の先輩や上司を見ればいい**のです。それが、ほぼ3年後のあなたの姿です。

いったい、どちらがリスキーなのでしょうか。

過去においては、後者のほうがリスクは小さいと考えられました。しかし、**AIの登場によってその立場は逆転**しています。

「3年後が想像できる」ということは、もう「安定」ではなくなっている。むしろ、**「変化に弱い」**ということを物語っているのだと知ってください。

大谷翔平選手が二刀流をこなせるのはなぜか？

仕事を一つに絞ることがリスキーな時代であるにもかかわらず、副業アルバイトにすら手を出さない人たちもいます。彼らの多くは、「本業をきちんとこなすことを優先すべきで、とてもそんなことに時間は割けない」と考えているようです。

しかし、それは思い込みに過ぎません。**「複数の仕事を持てば、それだけ時間がかか**

る」**という発想自体を変える必要があります。**そもそも、そうじをしながらだって仕事はできます。

私の場合も、二つの仕事を掛け持ちしているからといって、みなさんの2倍忙しいというわけではありません。**一方の仕事で得た経験を他方の仕事に生かすという掛け算のおかげで、むしろ時間は節約**できています。実は私は、周囲の人が考えているよりずっと暇人なのです。

それはなぜか。逆説的なことを言うようですが、要するに最初から私は「時間が足りない」ことをやろうとしているからです。

たとえば、2時間しかないときに、普通にやれば2時間ずつかかる三つの事柄を抱えているとします。そのすべてを終えるため、私は、それぞれにベストな時間の割り振りをし、ときに手の抜き方を真剣に考えます。それでなんとかしているのです。

具体的にいえば、常に電話を取れる環境（場所）を探し、そこで電話を受けながら別の作業をする……などです。

私はこうしたことを繰り返してきたので、一般的に6時間かかるとされていることを2時間で片付ける癖が出来上がっています。となれば、残りの4時間はまったく関係ないことに費やせるわけで、どんどん世界が広がり、新たなビジネスチャンスも生まれるわけです。

ところが、たいていの人は「それぞれ2時間ずつかかる」というところを動かさずにスタートします。そして、「2時間＋2時間＋2時間＝6時間かかる」と、相変わらず足し算をしています。

おそらく、一つのことだけをやっているときは、そこにあるムダは見えません。だから、いとも簡単に「これ以上なにかやる余裕はない」という結論に至ります。

でも、**実は〝隠れた時間〟があって、それは「二つ以上のことをやろう」としたときに初めて発見できる**のです。

大谷翔平選手が二刀流をこなせるのは、投手としてのトレーニングも打者としてのトレーニングもこなしているからです。しかし、彼だけ一日が48時間あるわけではありません。大谷選手は、みんなと同じ24時間をどう使うか工夫を凝らし、自分なりの方法を生み出しているはずです。ところが、一つのことを一生懸命にやっているほかの選手には、それが見えていないのかもしれません。

人間の可能性は、多分にあふれているのです。

今の立場になにかをプラスする「掛け算の仕事術」

このような、**相乗効果を生む〝掛け算の仕事術〟**を実現するには、いろいろな方法が考えられます。

最近、東大卒のような高学歴を持ちながら、プロスポーツ選手の道を選ぶ若者が増えています。もちろん、相応の力があるからこそプロから声がかかるのですが、ただ、超一流になる可能性が少ない人たちです。実際に、数年で辞めていきます。

おそらく、彼ら自身「スポーツでは大成しない」と最初からわかっていて、あえてやっているのではないかと私は思います。

ただの東大卒ではなく、「東大卒プロ野球選手」という肩書きを20代のうちに摑んでおけば、30代からの人生が有利になると考え、プロ野球選手としては失敗と評価されてもいいから、「総合的に人生を見たときに成功する道」を選んでいるのではないか、と私は考えています。これもまた、掛け算の発想だと言っていいでしょう。

花巻東高校からアメリカ・スタンフォード大学への進学を決めた佐々木麟太郎選手も、そういう視点を持っているように感じます。

将来はメジャーリーグに進んでもいいし、日本に戻ってプロ野球選手になってもいいし、野球と関係ないビジネスの道を歩んでもいい。もしかしたら、アメリカの球団を買えるくらいの人物になるかもしれません。それを可能にする手段の一つが、スタンフォード大学進学なのでしょう。

要するに、自分の得意分野をどう生かすかを考えたときに、そこに**なにか掛け合わせて個性を際立たせられないか**検討してほしいのです。

得意分野をそのまま伸ばすだけで勝負できるのは一握りの天才だけです。

天才でなくても職人的に努力さえすれば生き残れた、というのは過去の話です。

だから私は、「塾経営者でありながらスポーツ選手のマネジメントもする」というスタンスをとっているわけです。

みなさんも、「○○でありながら○○」という公式に自分をあてはめてみてください。

弁護士でありながらバー経営者。

歯科医でありながらユーチューバー。

事務系会社員でありながらレスラー。

なんでもアリです。できれば、今の立ち位置から極力遠い、対角線上にあるようなものを探してみるといいでしょう。

その対角線上には、なにか予想と違うほかのものが転がっているかもしれません。でも、遠い対角線上に視線を投げない限り、たくさんの可能性に気づけません。

これからの時代、足下しか見ないのは超リスキー。足下から視線を外しましょう。

「同系統」を狙っている限り、掛け算にはならない

かつては、転職と言えば同業他社に行くのが当たり前でした。今でも、そうした傾向は強く、自分が身につけたスキルを生かす場として、最初から同業しか考えない人を多く見かけます。

その典型がアナウンサーです。NHKでも民放でも、人気アナウンサーが独立してフリーランスになるのはよくあることです。たとえば、今はテレビ朝日系列で朝のワイドショーMCを務めている羽鳥慎一さんは、もともと日本テレビ社員のアナウンサーでした。その日本テレビでニュースを読んでいた有働由美子さんは、NHKのアナウンサーでした。

羽鳥さんや有働さんのようなスーパーアナウンサーとも言うべき飛び抜けた存在は特別なケースですが、多くの場合、独立してフリーになることでギャランティは相当にアップ

するものの、仕事が来なくなれば食い詰めてしまうリスクを抱えているとも言えます。

実際に、フリーとして生き残れるのはズバ抜けた能力と運を持った一部の人だけで、いつの間にか顔を見ることがなくなった人もたくさんいます。

ましてや、すでにNHKのニュースでは、一部をAI音声が伝えています。AI音声のニュースは、読み間違いもなく安定しており、聞いていてもまったくストレスがありませんから、これからどんどん増えていくでしょう。そうした状況にあって、アナウンサーという職業を続けるために社員の立場を捨てて独立するのは、合理的ではなく、むしろリスキーかもしれません。

一方で、最近では、アナウンサーの中にも「掛け算の転職」をする人が出てきています。田中みな実さんは俳優業を選び、富川悠太さんはトヨタ自動車の社員になり、桝太一さんはキャスター業と理系の研究者という二足のわらじを履いています。彼らがやっていることこそ、まさに「掛け算」で、**以前のスキルをムダにしているわけではありません。**非常に高い倍率を突破し、なれる人の少ない人気職業に就くことのできた彼らでさえ、こうしたキャリア展開を考えているのです。

私が経営する塾の従業員も、経歴はさまざまです。

東大法学部を出て国家公務員試験I種に合格し、文部科学省で働いていた人もいます。彼の場合、国家政策というマクロから見ていた教育を、塾の現場でミクロに落とし込むという方法で、その能力を掛け算式に発揮しています。

ほかにも、まったく教育関係と無縁だった人材もおり、だからこそ、過去の常識に囚われない指導ができ、いい評価を得られているのだと思います。

これからの時代、安全だったはずのホームに身を置いていれば、AIにどんどん取って代わられます。たとえば、テレビ業界の人が金融業界に転職したり、地方公務員だった人が観光業界に移ったり、小売業にいた人が大学院で研究を始めたりと、**むしろ、アウェイを選ぶほうが、強みを生かせる**のではないかと思います。

その子のために本当に大切なのは、偏差値や人気度ではなく「フィールド」

「○○でありながら○○」を検討していくときに、**参考にしてはいけないのが、偏差値や人気度といった数値**です。これをやっていると、本当に自分を伸ばせるものになかなか出会えません。

なまじ優秀な人が陥りやすいパターンに、「求められていないジャンルに行こうとする」というケースがあります。

たとえば、エスカレータ式の私立高校で成績が優秀だった人は、大学の学部や学科を決めるにあたり、偏差値の高いところを選ぶ傾向があります。本当は歴史が好きなのに、史学科ではなく、その大学で一番偏差値が高い法学部を選んだりします。

それでも、なまじ優秀なだけに、そこそこの成績で卒業できてしまうから、自分のしてしまったミスに気づかないのです。

就職活動もしかりで、本当に自分に合っているかどうかを検討する前に、人気企業を選びがちです。そして、なまじ優秀なだけに受かってしまい、そこでもそこそこの仕事を続けることになります。

あるいは、「英文科を出たのだし、英語は得意なほうだから」というレベルで語学力を生かす仕事に就こうとします。

しかし、その考え方はもう古い。**「なまじ優秀な人たち」の仕事は、今後はＡＩがやってくれる**のですから。

これからの子どもたちには、掛け算の仕事術が必須です。彼らについてはとくに、そのフィールド選びに関して気を配っていかねばなりません。**「本当に求められているジャン**

ル」を自覚し、そこから視野を広げ、活躍できるフィールドを「いくつか」確保していく必要があります。

私がこの話をするときに好例として挙げるのが、『80歳の壁』など大ヒットした著作を持つ医師の和田秀樹さんです。

和田さんは、灘高校から東大医学部へ進学し、精神科の専門医になりました。多くの患者を抱え、名医として評価を受けたのですから、求められていたジャンルに行ったのは間違いないでしょう。

普通ならそこで満足してしまうところを、教育カウンセラー的なフィールドにも仕事の範囲を広げ、今では高齢社会に関する問題の専門家という様相まで示しています。そればかりでなく、映画も作っています。

こんなハイブリッドな活躍をしている和田さんは、現在まだ64歳。みなさんの子ども世代はもちろん、みなさん自身も、和田さんほどのことはできなくても、何かしらのハイブリッドな活動ができないはずはありません。

実際、若い人も面白い活動をしていて、テレビ朝日アナウンサーの林美沙希さんはプロ雀士の資格を持っているそうです。それによって実況中継で活躍できるのはもちろんのこと、麻雀で生きる道も探れるわけです。

自分自身を「ブランド化」できる時代が来ている!

スマホが行き渡った影響でしょうか、腕時計をスマートウオッチに替える人が増えています。

スマートウオッチは、スマホに届いたメールやラインのメッセージをチェックできたり、通話ができたり、交通系ＩＣカードを内蔵できたり、心拍数や睡眠状態などを計測して健康管理ができたりと、非常に便利です。もちろん、時計としても多くの機能を備えています。だから、おしゃれであるかどうかは別にして、愛用者はこれからも増え続けるでしょう。

一方で、ブランドの腕時計を使い続ける人もいます。ロレックスだったり、オメガだったり、フランク　ミュラーだったり、あるいは、グランドセイコーだったりするかもしれませんが、彼らはそのブランドが好きなのです。

つまり、**スマートウオッチかブランド時計かの二極化**がこれからも進みます。

中途半端な腕時計はまったく買われなくなり、しかし、根強いファンを持つブランドの製品は高価であっても買われ、特別な価値を持ち続けます。

私たち人間も同じで、そういう特別な存在になればいいのです。つまりは、**「自分自身のブランド化」**です。

前にも述べたように、デジタル化が進めば進むほど、「たまに会う人」との時間が大事になります。これからはアナログの魅力が貴重なものとなり、抜きん出るようになりますから、ブランド化……すなわち**「限られた人になること」はとても重要**です。

自分自身のブランド化に必要とされるのは、古い価値観による「勝ち要素」ではありません。むしろ、誰にも真似されないニッチな個性こそ求められます。そう考えると、**誰にとってもチャンスの時代が到来している**ことに気づくのではないでしょうか。アナログな魅力を磨くことでブランド化できる時代が来ているのです。

第3章　あなたの想像以上に、教育現場が激変している

オンライン環境が整ったことの恩恵を最も受けたのは、教育分野だ！

約20年前、私が浪人生活を送っていたときに通っていた予備校には、個別に受けられるサテライト授業とでも言うべきものがありました。名物講師の授業のビデオを個室ブースに持ち込んで再生するというレベルでしたが、大人数の対面授業に出るのが好きではなかった私は、そのシステムをずいぶん利用しました。

ただ、サテライト授業といえど、予備校には足を運ばねばなりません。だから当時は、家から通える範囲にいい予備校がない人は、かなりハンデを負っていました。

塾だけでなく学校も、都市部と地方でレベルの違いがあったのは事実です。

しかし、状況は一変しました。**オンライン環境が整ったことで、地域による教育格差は、完全に解消に向かっています。**

今や高校生はもちろん、かなりの数の小学生もスマホを持っているし、家にあるタブレットやパソコンを自由に使える子どもたちも増えています。個人宅でも公共の場でもWi-Fiが整備され、ほぼどこでもインターネットに繋がります。

その結果、これまで英会話教室などなかった僻地に暮らす子どもでも、今は外国人教師からマンツーマンで学ぶことができるのです。

コロナ禍ではいろいろ苦労もありましたが、少なくともオンライン化の急激な進展は、**ポジティブな副産物**でした。とくに、**教育分野には多くの果実をもたらした**と私は思っています。

学校の教師など教育現場の人たちに対してお堅い印象を持つ人も多いかもしれませんが、実は子どもと同様、変化に対する抵抗感は低いのです。私は「**時代を変えるには教育現場の改革が一番の近道だ**」という信条の持ち主で、この変化を歓迎しています。

もっとも、オンライン化の影響を受け、しばらくは混乱が生じるでしょう。

教師たちのオーバーワークは以前から問題になっており、対面授業の準備に加えオンライン授業にも対処しなければならないとなれば、さらなる激務が予想されます。想像を絶する業務量をこなしている今の学校の先生には、本当に頭が下がります。

しかし、やがて効率化が図られ、いずれ教師の負担も減るはずです。今、教育現場は重要な過渡期を迎えているのだという認識が必要でしょう。

わからない子にもできる子にも、利点が大きいオンライン授業の普及

オンライン授業の普及で教育格差が解消すれば、スタートラインが揃います。しかしながら、スタートラインが揃えばゴールも揃うというわけではありません。**実力に沿った平等な競争が繰り広げられる**ということです。

ただ、これからの時代は、**一番でゴールテープを切ることだけが勝利ではなく、その子に最適なレース展開にすることこそが求められます。**そうした意味でも、オンライン授業は秀でています。個々人の状況に合わせて、スケジュールが組めるからです。

実力が異なる大人数を相手に、対面で板書しながら進めている従来のやり方では、「わからない子ども」も「できる子ども」も我慢を強いられます。

わからない子どもが質問している時間は、できる子どもにとってムダです。できる子どもが発言している内容は、わからない子どもにはチンプンカンプンです。それに、学校によっては、授業を邪魔するような困った子どももいます。そうした中で、一人ひとりのニーズに沿った教育をしていくことは不可能です。

私は、日本に「飛び級制度」がないことが、優秀な子どもたちの成長を妨げていると思ってきましたが、マイペースで学べるオンライン授業なら、飛び級に近い学び方もできる

でしょう。

もちろん、**躓《つまず》いている子どもにも大きなプラス**があります。

たとえば、小学校の算数で二桁の掛け算が解けなくなっている子どもは、一桁の掛け算に戻ってやり直すことが必須です。しかし、大人数を相手にする対面授業では、三桁の掛け算や割り算に進まなくてはなりません。すると、「もうまったくわからない」という状態になります。

こうして、まったくわからない授業を聞いていることが、その子を徹底的な勉強嫌いにしてしまいます。

その点、オンライン授業なら、周囲からバカにされたりからかわれたりすることもなく、何度でも納得いくまで繰り返し学べます。そして、**その子なりに「わかった」という小さな成功体験を積み重ねることができる**のです。本来、教育というのは「分からないもの」を「分かる」ようにするのが本質なのですから。

加えて、オンライン授業の普及は、不登校やいじめの問題も解決に向かわせる可能性があります。

そもそも学校に頻繁に通う必要がなければ、不登校という概念もなくなるし、意地悪な同級生にも会わずに済みます。

友人に会いたいときやクラブ活動に参加したいときに学校に行くのもいいけれど、学校に行かないからといって授業が受けられないわけではない。

こうした緩やかなスタイルは、これまで学校を「息苦しい場」と感じていた子どもたちにとって、大きな救いになるのではないでしょうか。

塾にも押し寄せている変化とは？

私が携わっている塾経営ビジネスも、大きく変化しています。

まず、中学生や高校生を対象とした塾の場合、すでにオンラインでかなりカバーできるようになりつつあります。

塾としては、少数の人気講師がオンラインで日本中のたくさんの生徒に教えることができれば、それだけ収入も増えるし、リアルな会場を借りる家賃も光熱費も削減できるという利点があります。

生徒としては、これまで到底受けることが叶わなかった人気講師の授業を、自分のスケジュールに合わせて視聴できるのですから、いいことだらけです。

もっとも、有名な人気講師を抱えているのは、東進ハイスクールや河合塾などの大手が主です。VAMOSのような小規模の塾は、立派なスタジオも持っていないし、資本力のある大手にオンラインで対抗しようとしても太刀打ちできません。

ただ、中学受験を目指している小学生の場合、精神的なケアも含め、リアルな指導がまだ必要です。それに、オンラインで授業を進めようとしたら、最初はタブレットの使い方をそばについて教えてあげねばなりません。

保護者サイドも、「小学生のうちは対面で丁寧に教育してほしい」という思いが強いようです。

そのため、中学受験に強く、一人ひとりの個性に合わせて細かく対応しているVAMOSは、今のところ入塾希望者が後を絶ちません。

しかしながら、それも時間の問題かもしれません。いずれ親の価値観が変わり、「対面教育は幼稚園までで、小学校からはオンラインでいい」となれば、中学受験のための塾もさらに変化していくことでしょう。

一方で、年齢に関係なく対面での指導が必要な子どもも一定数います。そうした子どもたちを掬《すく》い上げるための**小規模な塾は、なくならないはず**です。

また、オンラインでは不可能な「直接体験」ができる場をつくるのも、小規模塾の大切な役割となるでしょう。

たとえば、植物や昆虫などに触ったりにおいを嗅いだりするといった体験、野菜の種を植えたり作物を収穫したりする体験、理科の実験で液体を混ぜたり火にかけたりする体験……。

そうした体験型の授業を中心に行う塾は、サッカーや水泳などスポーツのクラブと同じように、求められ続けるのではないかと思います。

AI禁止には意味がない、と言えるこれだけの理由

先にも触れたように教育界は変化への抵抗感が低く、社会すなわち親たちの認識よりもずっと速く変革が進んでいます。

その変革を推し進めてきた要因は、大きく二つあります。

一つは、これからの時代に通用するグローバルな子どもを育てようという、教育現場の強く前向きな意志によって。

もう一つは、AIが子どもたちの世界にも入り込んできたことで、変わらざるを得ない

といった、やや後ろ向きな動機によって。

ただ、理由はどうあれ、大事なのは「変わるべきものは変える」ことです。それが達成されるのなら、結果オーライでいいのだと私は思っています。

とはいえ、現場はまだまだ揺れており、まさに模索中という感じです。

たとえば、小学校も変わってきていて、対面で授業をするという昭和からのスタイルは続いているものの、そこで教えられている内容自体はＡＩ時代を意識したものとなっています。

一方で、夏休みの自由研究や日々の宿題について、たいていの小学校では「生成ＡＩの使用禁止」を掲げています。わざわざそんな注意をしなければならないということは、利用してくる子どもがいるのが前提となっているわけです。

しかし、私は、**ＡＩの使用を禁止すること自体ナンセンス**だと思っています。それよりも、**自由研究や宿題といったものの概念自体を変える時期**に来ているのではないでしょうか。

今、読書感想文の課題を出せば、ちゃんと本を読んで自分で考えて書いてくる子も、もちろんたくさんいます。一方で、「○○についての読書感想文を書いて」とチャットＧＰ

Tにリクエストすれば簡単にできてしまうのも事実です。それを同じ土俵で評価することは、もはや意味がありません。

大人たちは、AI時代の教育のあり方について、本気で考えないといけません。立派な感想文を提出することが大事なのではなく、本を読んでいろいろ考えること自体が楽しいと思える子どもに育てる。

チャットGPTでズルをするのではなく、使いこなしてなにか新しい価値をつくり出そうと思える子どもに育てる。

そのために**必要なのは、AIを使わせない方法を模索することではない**はずです。

一人一タブレットはもう普通。学校に広がるDX化

私立の多くの学校では、**DX化**がすごいスピードで進んでおり、小学校ですら、タブレットが使用されています。

一人一台タブレットが支給される学校も増えてきました。動画を用いることでわかりやすく説明したり、資料やプリント類をダウンロードさせたりと、授業で使用するのはもちろんのこと、宿題もタブレットでやりとりします。

また、ある私立中学校では、教師も参加するクラスのチャットが設けられ、子どもたちは、そこで勉強を教え合ったり、ときには愚痴をこぼし合ったりしています。

学校を欠席している子どもにも、タブレットを使うことでコンタクトがとれますし、教師の目が届いているため、問題も起きにくいようです。

もちろん、最初はタブレットを使いこなせない子もいるものの、やがてみんな教師の技量を凌《しの》いでいきます。「教えるほうも大変そうだな」と同情心すら湧きますが、これも「AI時代に生き残れよ」という学校側のメッセージなのではないかと思っています。自ら新しい壁を越えていかねばならないということでしょう。

ましてや高校生ともなれば、さらにDX化は進みます。

そもそも、今の高校生向けの問題集や参考書は、スマートフォンを持っている前提でつくられています。色や動く図形を使うものや、文字だけで説明するのが困難なものに関しては、QRコードが添付されており、それを読み込むと動画で説明してくれるのです。

ただし、学習の広がりを考えれば、スマホよりもiPadなどのタブレットやパソコンの使用が望まれます。その点、これらの機器を保護者負担で持たせることもできる学校を選べば、さらに先を行くことができるわけです。

計算の速さなど、もう、なんの売りにもならない?

このようにDX化が進んだ学校を中心に、試験に電卓や参考書などの持ち込みをOKとしているところが増えています。とくに**電卓に関しては、今後あらゆる試験の場で持ち込みが前提となる**と私は踏んでいます。

電卓を持ち込めば、計算の速い子どもの優位性が失われます。これまでの試験では、数学でも理科でも計算の速い子どもはいい成績が取れたのに、これからは計算が遅い子どもに差を縮められてしまいます。

でも、それでいいのです。なぜなら、計算はAIの得意分野だからです。**計算の速さなど、なんの売りにもならない時代が来る**ためです。

ビジネス界より進んでいる教育現場は、おそらく、みなさんが考えているよりずっとレベルの高い子どもを欲しがっています。電卓の「あり・なし」などとうに超えて、**「ここは自分で考えて、ここは電卓に計算させればいい」という判断ができる子ども**を求めているのです。

とはいえ、現入試において計算をしっかりやることはまだまだ大切です。一部の学校では変化が起きていると言いましたが、「計算力を武器にできる子」はゼロにはなりません。

突出したスピードで正しく計算ができる子は、どこかで絶対に必要とされます。その数は減るでしょうが、むしろ強みは増すかもしれません。

要するに、「戦い方が多様化している」ということです。

結果的に勝てればいいのであって、その方法は多様。ただし、結果が問われるからこそ、その方法が自分に適しているかどうかを見極めることが、非常に大事になってきます。

Jリーグで成績を残しているあるサッカーチームは、その典型です。今は「魅せるサッカー」と言われる、きれいな戦い方がプロサッカー界の主流です。ところが、そのチームは、時代に逆行しているとも思える方法で選手を育成し、成果を上げているのです。

試合での戦い方も泥臭く、汚く見えるプレイもするけれど、結果的に勝っている。まさに明確なポリシーがあるわけで、そのようなやり方に適していると思える選手にとっては、いいチームとなるわけです。

灘中学校の入試は2日間にわたって行われますが、その初日の国語試験は、難しい漢字やことわざなど、徹底的に知識を問うものです。インターネットで調べれば事足りる知識について出題する学校が減っている中で、灘中学校はまったくブレることなく国語の知識を問い続けています。読解力や思考力はもちろん大事ではあるけれど、それ以前に、「日本人であるならば日本語の知識は必須である」というポリシーが貫かれているのです。

このように、学校や企業といった受け入れサイドが多様化しているのに対し、そのポリシーが自分と合っているかどうかを見誤れば能力は生かせません。親として、我が子の適性を見極めることが、以前にも増して大事になってくるのです。

これからの子どもを問う「試験」とは

中学受験に批判的な人の多くは、「子どもの頃から詰め込み学習をするのは良くない」と考えているようです。しかし、それは今の中学受験の現実をまったく理解していない意見と言わざるを得ません。

中学受験に限ったことではありませんが、**教育現場では「知識合戦はやめよう」という方向**に舵を取っており、それぞれの学校が独自のカラーを打ち出しています。そこでは、**詰め込み学習をしてきただけの知識偏重の子どもは歓迎されません。**

それに、一口に私立中学校と言ってもさまざまで、お行儀のいい伝統的な教育に重きを置くところもある一方、枠を超えた新しい試みをどんどん取り入れているところもあります。子どもたちの個性に合わせ、**受け皿はいろいろ用意されている**のです。

ただ、いずれにしても、ＡＩに潰されない子どもを育てようとする意識は共通しています。あとは、親が我が子に最適な場を見つけられるかどうかです。

これからの時代に重要なのは、**ＡＩ時代に生き抜ける子どもを育てる教育環境を選ぶことで、単純に高い学歴を持たせることではありません。**

それがよくわかっている親は、これまでのように偏差値だけに注目し、「我が子の学力内で最も偏差値の高いところを狙わせる」という方法に絞ることはしなくなっています。新しく到来する社会における我が子の可能性を見極めた上で、考え得る最良かつ最大限の学びを与えているのが、今の中学受験の姿なのです。

中学校側の教師たちも、**大学ですらゴールではあり得ず、通過点**として捉えているようです。**社会に出てからも転職するのがあたりまえの時代**ですから、そうした前提に立った上で「この子たちが25歳になったとき、30歳になったときどうなっていてほしいか」を考えて教えているのが伝わってきます。

大学も同じです。少子化で存続が問われる中、どこの大学も「自分たちらしさとはなにか」を模索しています。そして、そこに合う学生を求めています。

当然、入試の問題についてもそれにかなう設定をしてきます。だから、東大に合格してもMARCHに落ちる人も出てきます。

それが、これからの時代。少なくとも、東大を出ただけで生き残れるという時代ではありません。

親世代には手も足も出ない!? 実際の試験で試されていること（中学入試）

ここでは、私立中学校の入学試験で出題された問題をいくつか紹介します。

どれも、各教科50分程度の制限時間内に解かねばならない複数の設問のうちの一部ですから、だいたい10分くらいで正解に行き着く必要があります。

一方で、各教科とも試験問題そのものが長文化する傾向にあり、問題文を読み解くだけでも大変です。

実際に挑戦してみれば、その難しさに舌を巻き、みなさんの時代との違いに驚かずにはいられないでしょう。

小学生の頃から、こういう問題に取り組んできた子どもたちが、遠からずみなさんの勤める会社にも入ってくるのです。ぜひ、知っておいてください。

出題例1
市川学園 市川中学校【算数／2021年度】

問題

S	b	□	a	G

(例)

マス目状に区切られたテープがあります。左端のマス目には常にS、右端のマス目には常にGが書かれており、残りのマス目は空欄(□が書かれている)か、aまたはbのいずれかが書かれています。以下ではa、b、S、G、□を記号と呼ぶこととします。

また、このテープの上を移動しながら、図1のような説明書にしたがって書かれている記号を変更する機械があります。機械には複数のモードがあり、1回の動作でモードに応じて以下の処理を行います。

●今いるマス目の記号を読み取る。
●読み取った記号に応じて、今いるマス目に新たな記号を書き込む。
●マス目を移動する(1マス移動する、または止まる)。
●新たなモードに変更される。

この機械は左端のマス目からモード1で動き始め、上の動作を繰り返し行い、動きが止まったときにモードOKまたはモードNGに変更されます。

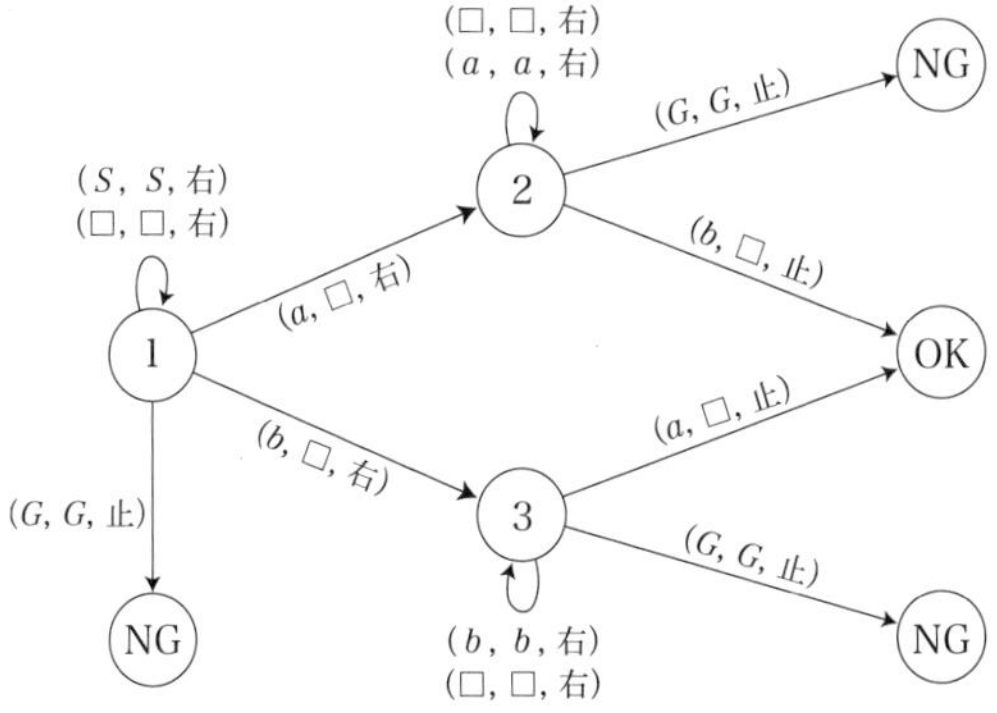

図1：説明書1

説明書の読み取り方

●各○の数字や文字は機械のモードを表す。

●矢印に付いているカッコの中は（読み取った記号、書き込む記号、機械の移動）を表す。

●現在のモードに応じて、読み取った記号により矢印が選択され、機械は新たな記号を書き込み、マス目を移動し、矢印の先のモードに変更される。

ここで、**（例）**のテープに対して、図1の説明書1にしたがって機械が動作を繰り返し行うと、以下のようになります。（↓は機械の位置を表しています。）

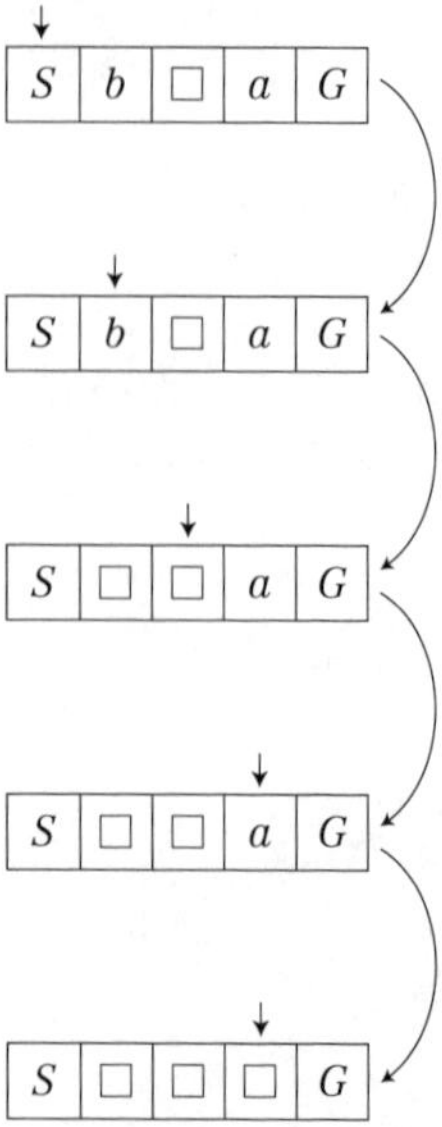

モード1でSを読み取り、Sを書き込んだ後、右へ移動する。モード1はモード1のまま。

モード1でbを読み取り、□を書き込んだ後、右へ移動する。モード1はモード3に変更される。

モード3で□を読み取り、□を書き込んだ後、右へ移動する。モード3はモード3のまま。

モード3でaを読み取り、□を書き込んだ後、止まる。最後にモード3はモードOKに変更される。

なお、説明書1にしたがって動く機械は、両端以外のマス目に**「a, bどちらも1つ以上書かれているテープ」**に動作を繰り返し行うと、最後にモードOKに変更されるようになっています。

以下、図2の説明書2にしたがって動く機械を用いることとします。このとき、下の問いに答えなさい。

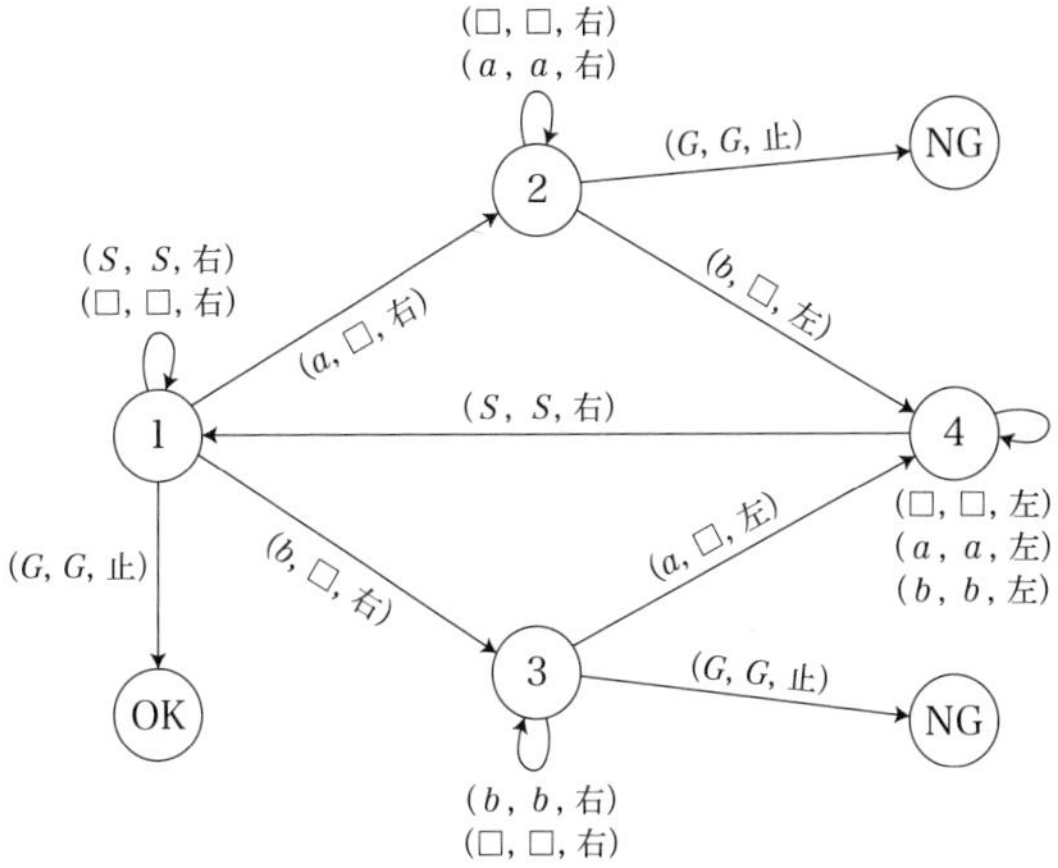

図2：説明書2

(1) 以下のテープA、Bに対して動作を繰り返し行い、機械が止まったときにそれぞれどのようなテープになっているか記号を入れて答えなさい。また、最後にモードOKとモードNGのどちらに変更されるかそれぞれ答えなさい。

テープA

S	b	b	G

↓

テープB

S	□	a	b	□	G

↓

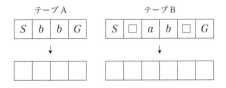

(2) 以下の両端以外のそれぞれのマス目にaまたはbを入れ、機械が止まったときにモードOKに変更されるテープの例を1つ挙げなさい。

S							G

(3) 機械が止まったときにモードOKに変更されるのは、一般的にどのようなテープか簡潔に答えなさい。

これは近年、難易度が急上昇している、中高一貫教育で知られる私立市川中学校の算数の問題です。算数には大設問が5つあり、それぞれいくつかの小設問を含みます。

この問題では、いわゆるプログラミング思考が求められています。

算数でありながら計算能力は必要としない半面、論理的に問題を読み解いていく力が求められます。わからない人にはさっぱりわからないでしょうが、問題を理解できれば、大人はもちろん幼稚園児でも正解に行き着けます。

出題例2

広尾学園中学校【算数／2023年度】

問題

円卓に何人かの人が座ります。座る人は【正直者】か【嘘つき者】のどちらかで、両隣の人について「はい」か「いいえ」で答える質問をしたとき、【正直者】は必ず正しいことを言い、【嘘つき者】は必ず正しくないことを言います。質問は円卓に座る全員にします。次の問いに答えなさい。

(1) 円卓に【正直者】が2人と【嘘つき者】が1人の合計3人が座っています。「両隣の人はどちらも【嘘つき者】ですか?」という質問に対して「はい」と答える人は何人いるか答えなさい。

(2) 円卓に【正直者】が3人と【嘘つき者】が2人の合計5人が座っています。次の（ア）～（エ）のうち**正しいことを述べている**ものをすべて選び、記号で答えなさい。

(ア)「両隣はどちらも【正直者】ですか?」という質問に対して、どの座り方であっても「はい」と答える人が少なくとも1人はいる。
(イ)「両隣はどちらも【嘘つき者】ですか?」という質問に対して、どの座り方であっても「はい」と答える人が少なくとも1人はいる。
(ウ)「両隣に【正直者】と【嘘つき者】が1人ずついますか?」という質問に対して、「はい」と答える人が4人となる座り方がある。
(エ)「両隣に【正直者】と【嘘つき者】が1人ずついますか?」という質問に対して、「はい」と答える人が1人となる座り方がある。

(3) 円卓に【正直者】が7人、【嘘つき者】が3人の合計10人が座っています。「両隣に【正直者】と【嘘つき者】が1人ずついますか?」という質問に対して、「はい」と答える人は、最小で何人、最大で何人と考えることができますか。それぞれ答えなさい。

算数の大設問は5つあり、それぞれ複数の小設問を含んでいます。

この問題は論理力を見るものであって、計算式はなにも使いません。先に紹介した市川中学校の算数問題と同様、幼稚園児でも解ける人はいるけれど、考え方がわからなければ一向に解けません。

計算はAIが行ってくれる時代に、海外の大学への進学も多い広尾学園中学校では、子どもたちの論理力を見たかったのだということでしょう。

出題例3

渋谷教育学園 幕張中学校【算数／2024年度】

問題

【図3】のように、正方形BECDの対角線を一辺とする正三角形ABCを考えます。【図4】の展開図において、ⓐ～ⓔは合同な二等辺三角形で、ⓞ～ⓚは【図3】の正三角形ABCと合同です。この展開図を組み立てて立体を作ると、二種類の立体が作れます。そのうち、体積が大きい方の立体を立体A、体積が小さい方の立体を立体Bとします。立体Aの体積は、立体Bの体積より何㎤大きいですか。

【図3】

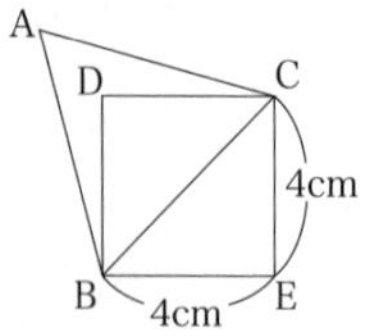

【図4】

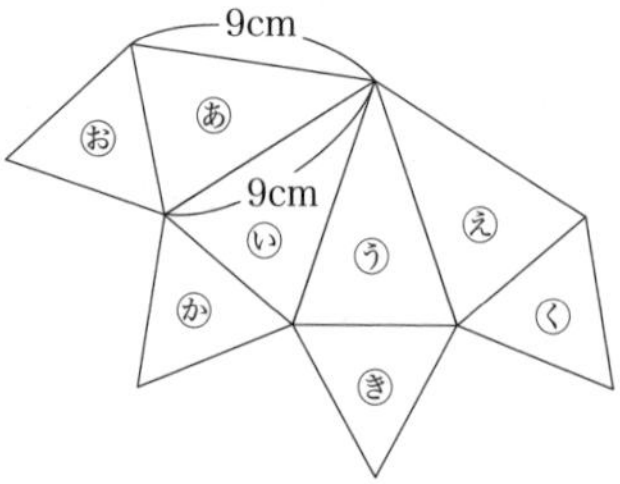

ここに紹介した渋谷教育学園幕張中学校など超難関校の算数の問題には、大きく5つの設問があり、それぞれさらに2〜3の小設問が含まれます。長文を読み解く力や図形を俯瞰して理解する力が問われており、ここに紹介したのは図形問題の一部です。

私たちの感覚からすると非常に難しいのですが、解ける子は1分で解けるようです。まさに天才型の子どもが得意とする問題です。

このように「頭の中で図形をつくる」作業は、従来のように黒板に書いて教師が説明するよりも、タブレットを通して動画で学ぶと理解が早まります。まさしく、新しい時代の設問と言えます。

出題例4
麻布中学校【社会／2024年度】

問題
次の文章をよく読んで、問いに答えなさい。

(途中略)
これからの教育
　現代社会は急速な勢いでめまぐるしく変化しています。それにともない学校に求められる役割も変化しており、さまざまな提言にもとづいて多くの改革がおこなわれ、よりよい教育がめざされてきました。たとえばIT化が進展するなかで、子どもたちがインターネットを使いこなせるようになるためとして、学校のインターネット環境が整備されてきました。またグローバル化に対応するためとして、小学校でも英語が教えられるようになり、さらに「アクティブ・ラーニング」といった参加型の授業が重視されるようになりました。しかし、そのような改革で今後すべてがよくなるとは思えません。改革に次ぐ改革の結果、学校は疲れ果てていくでしょう。
　学校教育の目的は子どもを社会に適応させるだけではありません。むしろ子どもが自分とは違うさまざまな考え方を学ぶことで、よりよい社会をつくっていくことに役立つということもあるでしょう。**シ**.いまいちど教育とは何か、そして学校がどのような役割を果たすべきかについて考え直さなければならないときかもしれません。

問13　下線部**シ**について。本文にあるように、学校教育は社会の求めによって、大きな影響を受けてきました。他方で、学校教育も人びとの価値観や考え方に大きな影響をあたえてきました。学校教育は人びとの価値観や考え方に影響をあたえることで、どのような社会をつくってきましたか。そして、そのような人びとによってつくられた社会にはどのような問題がありますか。あわせて100字以上120字以内で説明しなさい。ただし、句読点も1字分とします。

この年の麻布中学校の社会の問題では、まさに入試を受けている子どもたちに、教育の意味を問う形がとられています。まず、時代を追って日本の教育制度について述べた3700字程度の長文が示され、それに関する13の問題が設けられています。その最後の問題で、従来の学校教育が社会に与える影響や問題について問うているわけです。

模範解答例としては、これまでの学校教育によって同じような人間がつくられてきたことへの問題提起が挙げられるでしょう。つまり、麻布中学校としては、金太郎飴のような個性のない子どもを育てる気はないということがわかります。

この問題では、100字〜120字という規制があり、いかに簡潔に自分の意見を述べられるかも見られています。

出題例5
慶應義塾湘南藤沢中等部【国語／2022年度】

問題
【四】次の文章を読んで、あとの問いに答えなさい。

2021年オリンピック・パラリンピック東京大会で、日本のソフトボールチームは金メダルを獲得しました。そこで興味深い一戦があったのを覚えている人はいるでしょうか。それは《勝っても負けても結果に影響のない試合》です。

ソフトボールの決勝・3位決定戦進出ルールは、《参加全6か国で予選リーグをおこない、その上位2チームが決勝戦に進出し、3位と4位のチームが3位決定戦に進出する》というものでした。では、何が起きたのか説明するために、日本チームの結果を見てみましょう。

予選リーグ第1戦　日本　8対1　オーストラリア
予選リーグ第2戦　日本　3対2　メキシコ
予選リーグ第3戦　日本　5対0　イタリア
予選リーグ第4戦　日本　1対0　カナダ

予選リーグ第5戦　日本　1対2　アメリカ
決勝　　　　　　日本　2対0　アメリカ

この通り、ソフトボールチームは全勝優勝したわけではありませんでした。実は、第4戦終了時点で決勝に進出するのは全勝同士の日本とアメリカだと決定していました。つまり、予選リーグの第5戦は、偶然決勝と同じ顔合わせでありながら、試合が始まる前から《どちらの国が勝っても負けてもその後の対戦相手に変化がない試合》となったのです。（3位決定戦はメキシコ対カナダでした。）

いずれにせよ、日米両国にとって肝心なのは決勝を全力で勝つことだけなのです。「第5戦」を取ったアメリカにも優勝のチャンスはもちろんありました。しかし勝ち続けるのは難しいことです。実際アメリカは6連勝できませんでした。

こう考えると、事後あまり顧みられることの多くなかった「第5戦」ほど、どう心がけたらよいか絞りにくく、複雑な試合もありませんでした。

このコントロールしにくい「第5戦」はどう戦うのが正解なのでしょうか。

問　あなたがもしもこの「第5戦」日本チームの監督と同じ立場に置かれたら、この試合にどのような方針で臨みますか。また、その方針を試合前の選手に何と伝えますか。一四〇字以内で述べなさい。

※原稿用紙の使い方に従って書くこと。ただし、一マス目から書き始め、改段落はしないこと。

この慶應義塾湘南藤沢中等部の国語の問題には大きな設問が4つあり、漢字や長文読解に関しての問題は、いくつもの小設問を含んでいます。

ここに紹介したのは最後の大設問で、一つの正解はなく、明確なポリシーを示し、かつその理由をロジカルに説明する能力を問うものです。

勝ち負けがメダルの色に影響しない試合について、「負けてもいいから強い選手は決勝に備えて休ませる」というのでも、「オリンピックという場においてはどの試合も全力で臨む」というのでも、あるいはほかの方向性でもいいけれど、それがしっかり理由づけられており、周囲が納得できる説明が可能かどうかが見られています。

そんな能力を、わずか12歳の子どもに求めているわけです。

出題例6
明治大学付属中野中学校【国語／2023年度】

（※第一問は長文読解問題）

問題

二　次の①～⑤の熟語の対義語を後の語群からそれぞれ選び、漢字に直して答えなさい。

①困難　②支配　③単調　④目的　⑤分裂《ぶんれつ》

語群
しゅだん　ゆうこう　しゅうちゅう　とういつ
そんぞく　ようい　へんか　じゅうぞく

三　次の①～⑤の三字熟語の意味を後の(ア)～(ク)の中からそれぞれ選び、記号で答えなさい。

①高飛車　②二枚舌　③門外漢　④正念場　⑤色眼鏡

(ア)かたよった見方。
(イ)よくしゃべること。
(ウ)相手を押さえつけるような態度。
(エ)注意深い観察。

(オ) うそを言うこと。
(カ) そのことに関わりのない人。
(キ) 大事な局面。
(ク) うぬぼれること。

四 次の①～⑦の——線部を漢字に改め、⑧～⑩の——線部の読みをひらがなで答えなさい。

① ヨキョウに手品をする。
② 秋はくだものがホウフだ。
③ 子どもが電池をゴインした。
④ ドウソウカイに出席する。
⑤ 売り切れヒッシの商品だ。
⑥ レンメンと続く歴史。
⑦ キケンをおかして人を助ける。
⑧ 平生から健康に気を付ける。
⑨ 小鳥がひなを育む。
⑩ めったにない代物だ。

出題例7

國學院大學久我山中学校【国語／2023年度】

（※第一問、第二問は長文読解問題）

問題

三　次の問いに答えなさい。〈問題は**問一**から**問六**まであります。〉

問一　次の①〜⑥について——線部のカタカナを漢字に直しなさい。

① 地球オンダン化対策を話し合う。
② 目立つカンバンをかかげた店。
③ 生まれ育ったキョウドの歴史を学ぶ。
④ テンボウ台から海をながめる。
⑤ この道路は市街地をジュウダンしている。
⑥ 以前の担当者は別のブショに移りました。

問二　「提灯《ちょうちん》に釣《つ》り鐘《がね》」と同じような意味のことわざを次の中から一つ選び、記号で答えなさい。

ア　鬼《おに》に金棒　　イ　団栗《どんぐり》の背比べ　　ウ　糠《ぬか》に釘《くぎ》　　エ　月とすっぽん

問三　次の熟語の中で、成り立ちが違《ちが》うものを次の中から一つ選び、記号で答えなさい。

ア 登頂　イ 閉館　ウ 在宅　エ 城内

問四　次の①②の——線部は慣用表現になっています。□に入る適当な漢字1字をそれぞれ答えなさい。

① ライバルの□をあかしてやろうと、猛《もう》練習した。

② 猫《ねこ》の□ほどのせまい庭を掃除《そうじ》する。

問五　次の文の〔　〕に当てはまる四字熟語を後の中から一つ選び、記号で答えなさい。

彼のホームランはまさに〔　〕の逆転打となった。

ア 起死回生　イ 一刻千金　ウ 起承転結　エ 一進一退

問六　次のア～エのうち、敬語の使い方に**誤りがあるもの**を一つ選び、記号で答えなさい。

ア お客様のご注文は、田中がうけたまわりました。

イ さきほど先生がくださった、お菓子《かし》をいただく。

ウ この品物は、お客様がご自身でお持ちしますか。

エ それではここで、記念写真をお撮《と》りいたします。

明治大学付属中野中学校や國學院大學久我山中学校の国語の問題では、親の世代にもあったような古典的なパターンを踏襲した出題がされています。

明治大学付属中野中学校では、長文を読んで21個の小設問に答えるという問題がまずあり、その後に、ここに紹介したような、熟語の意味を問うたり、漢字の書き取りや読み取り問題が出題されています。解答用紙も、従来のパターンそのものです。

國學院大學久我山中学校でも、長文の読解問題（二つあり）の後で、知識を問うパターンの問題が出題されています。ここにあるような漢字の問題、慣用句などの意味を問う問題、敬語の問題など、日本語の正しい知識を問う問題が入ってきています。

このように、以前と変わらず知識を問うことを重要視している学校もあり、それは一つの明確なポリシーです。そして、そのポリシーに適合する子どもたちはたくさんいます。

私自身、知識が子どもたちの学力の背中を押すことを、日々の現場で感じておりますので、知識を試す問題がこうして残っていくことの大切さも認めています。

知識を問う問題は、もう古い？　思考力が求められてくる

さて、12歳の子どもたちが挑戦している中学校の入試問題を、みなさんはどれくらい解けたでしょうか。もしかしたら、そのレベルの高さに、軽くショックを受けたかもしれませんね。

最近の傾向として顕著なのは、**答えが一つではない問題、思考プロセスを問われる問題が増えているこ**とです。

私が塾経営に乗り出した当初は、まだまだ知識偏重の試験がほとんどで、知識が多い子から順番に偏差値の高い中学校に入っていくのが普通でした。言ってみれば、徹底的に知識さえつければ、どこの入試にも対応できました。

しかし、今はそんなやり方は通用しません。

もちろん出題例6、7のように知識を問うことを大切にしている学校もまだたくさんありますし、知識は学力の基礎になるので、その学習は必要です。しかし、**親は子どもに知識をつけさせるだけではダメで、そこに存在し得る問題を掘り出し、一緒に考えていくことをしなければなりません。**

たとえば、日本企業が開発しているロケットについて取り上げるとしましょう。

これまでだったら、中学受験で問われるのは、ロケットや開発者、打ち上げられた土地の名前など知識が中心でした。

でも、これからは、「なぜ種子島や串本町から打ち上げるのか」「ロケットを開発することの問題と将来性について述べよ」「あなたが開発者なら、なにをロケットに乗せるか」「どういう実験を最優先するか」「失敗したときに、あなたならどう説明するか」などという問題が出るかもしれません。

こうした現状にあって、中学受験をするか否かは別にして、これからの子どもには（もちろん、みなさん自身にも）**ロジカルに物事を説明できる能力が必須**となります。

普段からニュース番組を見ているときなどに、単純に「おお、ロケットすごいね」と感激しているだけでなく、「なぜ種子島と串本町なのか」を疑問に思い、親子で調べ、「一刻も早く赤道の軌道に乗せないといけないからだね」ということを共有していくような環境を構築していきましょう。

「知識型」の問題を得意とする子と、「知恵型」の問題を得意とする子と、受験において生きる道は常に二つあるのです。

第4章 大人のほうが、危ない!

あなたは、自覚しているより「遥かに古い！」

若い頃は年長者に対して鬱陶しいものを感じていたのに、いざ自分が年をとると若者たちを上から目線で批判してしまう……。こうした「世代間ギャップ」は、おそらく大昔から存在したのだと思います。そして、その相対する価値観によって上手にバランスがとれ、世の中はアップデートしてきたのではないでしょうか。

年長者は、若者たちの言動をときに苦々しく思いながらも、彼らがもたらした新しい便利さや面白さを享受してきました。

若者たちは、なんだかんだと口うるさい年長者のアドバイスによって、大事な場面で助けられてきました。

しかし、現在起きている変化は、そんな世代間のお約束事を打ち砕いてしまうレベルのものです。なにもしないでいれば、みなさんは存在意義を示せないどころか、迷惑な「老害」にすらなりかねないのです。

今何歳であるにしろ、みなさんには「下の世代」がいるはずです。会社だったら部下や後輩がいるでしょうし、地域社会においても自分より若い人たちがいるでしょう。もちろん、そこには子どもも含まれますね。

そんなみなさんは、これまでの世代間の法則にしたがって、自分をこんなふうに評価しているのではないでしょうか。「年下の連中に比べたらたしかに古いが、上の人と比べたらまだ新しい」と。

そして、「古い上の人にはできない適切な助言を下の人に行える自分でいたい」「そのためにも瑞々しい感性を保ちたい」と努力しているのではないでしょうか。

とくに、我が子の将来に関しては、絶対に間違った誘導をしたくはないと考えていることでしょう。

そんなみなさんに失敗してほしくないので、ここで強調しておきます。

みなさんは、自分で想像しているよりも遥かに古いのです。もはや、みなさんの上の世代と、あるいはさらに上の世代と区別がつかないくらい、下の世代から見れば古いのです。

それは、みなさんが悪いのではなく、**世の中の変化のスピードが速すぎるから**です。ポルシェのアクセルを踏み込んで充分について行っているつもりでいても、相手はリニアモーターカーで移動している。そんな状態にいるのが今のみなさんです。

もちろん、私も安穏としていられるわけではありません。私自身、常に「自分は古い」

と己に言い聞かせていますし、若い世代から学ぶことはたくさんあるはずだと肝に銘じて過ごしています。

世の中は、これまでとは異次元のスピードで変わっており、自分はかなり古い存在である。まずは、そこを自覚する必要があります。

「表層的にしか捉えていない人」はどんどん遅れていく

40年前には男女雇用機会均等法すらなかったのに、今は、企業もさまざまな角度から人権について真剣に考えるようになりました。私の会社でも、経験は少なくても優秀な女性がたくさん出てきています。

今となっては、どんな規模の企業、組織でも、ＬＧＢＴＱ差別、パワハラ、セクハラなどが発覚すれば、命取りになりかねません。

そのことはみなさんも、よくよく理解していることでしょう。

また、部下や子どもなど人を育てる過程では、怒ることを極力やめて、褒めて伸ばすべきだという考え方も浸透しているはずです。

しかしながら、**「自分は世の中の変化をしっかり理解している」と思っている人の多く**

が、実は表層的にしか世の中を捉えていません。

いくら「僕はLGBTQを認めているよ」「子どもは褒めて伸ばすべきよ」と口にしていても、それだけでは物事の解決には繋がらないということを1ミリも理解していない人がほとんどなのです。

もし、部下の一人が「自分が同性愛者であることを理由に、隣席の同僚から中傷されている」と相談してきたらどうしましょう。しかも、その中傷している同僚とやらが、みなさんが目をかけている人間だったらどうしましょう。

地域の清掃ボランティアに参加した近所の子どもが、ふざけてばかりいて周囲の迷惑になっているとき、怒ってはいけないのならどうしましょう。

あるいは、世の中で働き方改革が進んでいることは理解しているとして、それによって我が子の塾の講師との面談時間が短くなってしまうマイナスを、どういう方法で補っていけばいいでしょうか。

いずれも、**理屈がわかっているだけでなく、やり方そのものを変えていかねばどうにもなりません。その具体的方策を持っていなければ意味がない**のです。

表層的に捉えているだけなのに「自分は理解できている」と思っていると、その問題が現実に目の前で起きたときの対応がひどく遅れます。

理屈をわかっているだけなのは古い人。本当に新しい人とは、「ではどうするか」について具体的に考えている人のことです。

今の時代に合わせた「叱る能力」の見直しを

なかでも難しく、「ではどうするか」を熟考しなければならないのが叱り方です。

「叱る」という行為について、古いやり方を用いていたら、親子関係も、上司と部下の関係も、破綻しかねません。

とくに私が痛感しているのは、今の時代、「全体を叱る」は成り立たないということです。

私の塾でも以前は、誰か一部の子どもが騒いでいるときに「おまえら、うるさいぞ」と全体を叱ることができました。すると、騒いでいる子どもは自分が叱られたと認識して黙り、騒いでいなかった子どもは、自分のことではないとわかった上で、騒げば叱られるのだということを理解してくれました。

言ってみれば、一部の子どもたちの失敗を活用して、当たり前のルールや物事の善し悪しを全体に周知させることができたわけです。

しかし、今はそうではありません。

あるとき、一人の男の子の親から「うちの子どもが騒いだら叱ってやってください」とリクエストされました。こういうことはよくあって、親は我が子が厳しく指導されることを嫌がっているわけではなく、むしろ望んでいます。ただ、そこでは従来にはなかった細やかさが求められています。

従来の方法ではいけないとわかっていた私は、全体ではなくその子に向かって、少々厳しい物言いをしました。そして、その子自身は理解してくれたようでした。

ところが後日、その子のそばに座っていた子どもの親からクレームが入りました。「うちの子は悪くないのに、大きな声を出されるとびっくりするのでやめてください」というわけです。

叱り方を相手に合わせて変えるのが大事、というわけです。大変ですが、子どもに対しても部下に対しても、これからは個々の特性をしっかり把握し、より丁寧に対応していくしかありません。

たとえば、同じように「それはダメだよ」と指摘しても、相手によって受け止め方は違います。「自分はこう指摘するのがやりやすい」というのはどうでもよくて、「この相手はこう指摘すれば伝わりやすい」を第一に考える必要があるのです。

AIが多くの重要な仕事を受け持ってくれる時代において、人間はAIにはできない繊細な作業をしなくてはなりません。そして、その代表格が「叱る」ということなのです。

「経験や知識の価値」がすごい勢いで下がっている

いくら時代が変化しても、年長者のアドバイスが下の世代を救うケースはなくなりません。ただ、その数は著しく減るでしょう。というのも、**経験の価値が下がっている**からです。


「A社の社長さんって、どんな人なんでしょうか？」

「関西支社には、どういう経路で行くべきか教えていただけますか？」

「プレゼンには、どんな服装がいいんでしょうか？」

「今日の接待で、私はどこに座ったらいいですか？」

「祝儀袋に、どう名前を書き入れればいいでしょうか？」

などなどテーマの大小にかかわらず、わからないことを知りたければ、そばにいる年長者に聞くのが一番でした。

でも、それは過去の話であり、今はなんだってネット検索すれば事足ります。自分がいる業界の歴史も、取引先の情報も、どう振る舞えばいいかというマナーも、ことわざの意味も、漢字の読み方も……スマホ一台でクリアになるから、「先輩、教えてください」は不要です。

つまり、**みなさんの経験や知識は、自分で思っているほど価値を持たない時代になったということです。**

「いや、自ら実際にやったのと、調べてわかったのでは違うだろう」という声が聞こえてきそうですが、どんな形だろうとわかってしまえば勝ちなのです。

このようにネット検索は、経験に代わる大きな武器になります。今や、「google先生」という言葉が一般的になっていますが、これが世の中の人々の考えを表していますね。みなさんも意識を転換し、大いに活用しましょう。

そして、言うまでもなく、生成AIはさらに強力な武器となります。だから、それを使わないという判断はあり得ません。大切なのは、生成AIに使われて潰されないこと、生成AIを使いこなすこと、です。

生成ＡＩをいつから活用していくかについて、年齢や入社年度などによる制限が設けられているわけではありません。すでにスタートは切られていて、今この瞬間も使いこなせる人と、使われて潰される人の峻別が進んでいます。

「できない」「難しい」「怪しいから嫌だ」などと言っていたら、生成ＡＩに使われて潰される人になるのは火を見るより明らかです。

経験主義に陥っていると、どんどん追い抜かれます。みなさんが一つのリアルな経験にこだわっている間に、**若者たちは、ＡＩを活用した「疑似体験」で、知識を数百倍にも増やすことができる**のですから。

迎合主義、大いに結構

もし、みなさんが生成ＡＩについて、「できない」「難しい」「怪しいから嫌だ」の罠に陥っているなら、そこから抜け出すには下の世代に教えて貰うのが一番です。それしか方法はないと言ってもいいでしょう。

経験の価値が下がるこれからの時代、上司と部下という概念もなくなってくるかもしれません。自分の年齢や立場など度外視して、誰にでもどんなことでも聞ける人が生き残る可能性が高くなります。

つまり、**若者に迎合するくらいでいい**のです。意識して取り入れていきましょう。価値観の古い人はダメです。

経験の価値が下がったとしても、ゼロになるわけではありません。だから、それを捨て去る必要もありません。そうした古い武器に加え、新しい武器を持てば有利だというだけの話です。**若者は、自分に新しい武器を与えてくれるありがたい存在**なのだと考えましょう。

でも、**成功している人ほどそれができず、気づいたときには相当に不利な立場に置かれかねない**ので注意してください。

なかには、価値観が違う下の世代を「宇宙人」などと呼んでいる人もいますが、相当な自戒が必要です。若者が宇宙人なのだとしたら、これからの地球は宇宙人が支配するわけです。ならば、そのやり方について行くしかないでしょう。若者に迎合して、宇宙人のルールを教えて貰いましょう。

これまで頑張ってきたみなさんからすると、若者はずいぶんわがままに見えるかもしれません。たとえば、仕事が忙しいときに平気で休みを取ったりもするでしょう。しかし、今後はそれがデフォルトになります。

一方で、若者は他者のわがままや個性に対してとても寛容です。だから、みなさんは、「忙しいときに休むのはけしからん」と嘆くのではなく、忙しいときに自分も堂々と休んだらいいのです。

「成功者」と自覚する人たちが、古い価値観にどっぷり浸かった末路

私たち人間はどうしても今の自分を守ることに注力し、変化を嫌います。しかし、「変わる」ということは、その人の人生にとっても、世の中全体にとっても、非常に大切な要素なのです。

最近の例で言えば、日大アメフト部や旧ジャニーズ事務所、そして宝塚歌劇団の問題などが、「変わることを嫌って大きな負を抱える」姿を露呈しました。

深い事情を知っているわけではありませんが、日大内部には変えなくてはならないものがありながら、それを変えたくない勢力が存在していたことは間違いないでしょう。そのために国からの助成金は交付されず、人々からの信頼も失うことになり、ついにあの歴史ある部が廃止という結果になりました。

旧ジャニーズ事務所は、未成年に対する性加害に世界がどう反応するかについて、あまりにも無知でした。しかも、外部からの指摘など握り潰せるという古い価値観に支配された行動をとり続けました（それを糾弾せずに加担すらしたマスメディアの価値観も、相当に古いものでしたが）。

彼らは、自分たちに対する世の中の批判が思いのほか強いことを初めて知って、慌てることになりました。みんなから憧れられる最先端の仕事をしているつもりだった彼らは、ひどく古かったわけです。

こうした事案は、数え上げたらきりがありません。経済界や政界、はたまた教育界でも、古い価値観に縛られている人はたくさんいます。

とくに、古い企業などにいると、外からの指摘を受ける機会が少なく、「自分たちの常識は世界の非常識」であることに気づけません。

それでも、終身雇用が当たり前だった頃は、そこで仕事人生を完結することが可能でした。しかし、もうそういう時代ではありません。みなさんが何歳だろうと、どんな環境に身を置いていようと、自分自身は常に新しくあらねばなりません。

注意しなければならないのは、**古い価値観に支配された世界にいたとしても、ある時点**

までは持ちこたえられてしまうことです。なまじ持ちこたえてしまっているから、「ずっと、このままで大丈夫なんだ」という誤解が生まれます。

しかし、そのままで大丈夫なはずはなく、**「変わらなければいけなかったんだ」と気づいたときには、もう手の施しようがないほど立ち遅れてしまう**のです。

繰り返しますが、**成功者であると自覚している人ほど危険**です。自分の価値観に常に疑いの目を向けてください。今のままでいいとは思わないでください。

変わることを厭わない人でなければ、自分自身が潰れるだけでなく、子どもをも潰してしまいかねません。

「極めろ」はおっさんの価値観。それではAIに負けるだけ!

これまでも何度か触れてきたように、私は塾経営とサッカーをはじめとするスポーツ選手のマネジメントという二足のわらじを履いています。それによって掛け算の相乗効果が得られています。

そんな私のスタンスを、批判的に見ている人たちがいるのも事実です。彼らの目には、塾経営とスポーツ選手のマネジメントのどちらかに集中しない私は「てきとう」で、仕事をなめているふうにも映るようです。

もちろん、仕事をなめているつもりなど毛頭ありません。ただ、てきとうだと言われたらそうなのかもしれません。むしろ、これからの時代は、てきとうなくらいでいいのではないかと私は思っています。

ＡＩが登場する以前は、一つのことを「極める」人が高く評価されました。実際に、中途採用市場などでも、ジェネラリストよりスペシャリストのほうが歓迎されました。

しかし、**コツコツ足し算を重ね極めていくというやり方は、戦う相手が人間だった時代にこそ強みを発揮する**のであって、ＡＩが相手なら話はまったく別です。一つのことを極める能力は、ＡＩにかないっこありません。

一方で、**てきとうなところに広く網を張るのは、ＡＩより人間のほうが得意なはずです。私たちは、ＡＩの得意なことではなく不得意なことをやっていかねばならない**のです。だから、部下や我が子に対し、間違っても「極める」を強いてはいけません。それよりも、広く多くのことに手を伸ばさせてあげてください。

複数の職業に携わる感覚を抵抗なく身につけるためにも、若いうちから副業を始めることは非常に大事です。

それによって複数の環境に身を置けば、それぞれ異なる価値観に触れられます。そのときに、どちらが正しいか正しくないかを選別するのではなく、**「どっちもアリだね」と思えたら最強**です。またほかの違う環境に身を置くことになっても、「これもアリだね」と柔軟に受け入れられるでしょう。

ＡＩが台頭するこれからの時代、こうした緩やかな判断ができる、ちょっといい加減なくらいの人が生き残ります。

「『どっちもアリだね』なんて甘すぎる。一つを選んで極めるべきだ」などという考えが胸をよぎったとしたら、相当にヤバいと思ってください。

英語信仰から抜け出せない人たち

今後ますますグローバル化が進み、国境を越えたコミュニケーションが必要となってくることは明らかです。それを意識している親は、我が子の英語教育に力を入れます。とくに、自分の語学力に自信がない人ほど子どもに期待をかけ、早くから多額のお金を払って英語教室に通わせる傾向があるようです。

今は、英語カリキュラムを導入している幼稚園もあり、人気を博しています。もちろん、小学生相手の英会話教室も百花繚乱です。

たしかに、そういうところに通っていれば、早くから流暢な発音を身につけることもできます。それを見た親は有頂天になって、「自分が苦手だった英語を、この子は使いこなせるようになってくれる」と喜ぶわけです。

しかし、どこで使いこなせるかについては極めて不明瞭です。その子が将来、日本国内に限られた仕事をするなら、その英語感覚も武器になるかもしれません。でも、海外で活躍させるには足りません。

というのも、これからはＡＩが翻訳業務を担ってくれるということがあるためです。

加えて、英語力では上には上がいるからです。

親の仕事の都合で、ニューヨーク、ロサンゼルス、ワシントン、シアトル……とアメリカの主要都市で暮らしている日本人の子どもはたくさんいます。英語をネイティブのように使える日本人が増えているという事実から目をそらしてはいけません。彼らは英語を「学習」しているのではなく、生活に必須のものとして身につけています。

そうした**彼らの強みは、語学力よりもむしろ「文化力」**です。

長く外国で暮らした帰国生が、ＡＩと比較してどれほど正確な英語をしゃべれるのか私にはわかりません。しかし、その経験から得た西洋カルチャーへの理解や適応能力、外国人との人間関係構築力というものは、AIを凌ぐでしょう。

もちろん、中国などアジア諸国についても同じことが言えます。たとえば、中国人やベトナム人と彼らの国の言葉で話して会話が成立したとして、それで彼らを理解できていると思ったら大間違いです。日常生活を送るための会話なら、AIでいい。**AIを凌駕するような経験値**は、どっぷりとその国で暮らした人でなければ得られません。

そういう経験を積んだ帰国生たちと競争して負けないほどの語学力を身につけることは、半端な勉強量では難しいでしょう。

こういう状況を勘案せず、**語学学習に時間を割かせるのは、正しい判断ではないかもしれません。**ほかのことをやらせたほうが、その子の未来は明るいかもしれないのです。

「語学学習は大事だ」というのが、誰の価値観なのか考えてみましょう。もしかしたら、親の古い価値観ではありませんか?

「幸せの価値観」も多様化の時代。数字に置き換える考え方は不幸のもと!?

みなさんが、会社で20代の部下を持っているなら、その価値観の違いは骨身に滲《し》みているはずです。

先輩たちが残っていても、定時になると気にせず帰ってしまう。

やろうとする前に、平気で「できません」と拒否する。

大事な仕事を任せても、たいして嬉しそうでもない。

「頑張ります」とは言っているものの、肩透かしになることが多い。

期待をかけていた優秀な部下が、いともあっさりと辞めてしまう。

このように、若い彼らがみなさんと異なる行動様式をとるのは、見ている「ゴール」が違うからです。

上司世代にとっては、会社勤めのゴールは出世です。その会社に長くいるかどうかは別にして、勤めたからには出世したほうがいいと、おそらくみなさんも考えていることでしょう。ところが、**今の若者には出世を望まない人が一定数いる**のです。

たとえば、出世して年収1500万円になるより、共働きだから年収600万円で充分だというケース。夫婦ともどもなるべく残業せずに早く帰り、家族の時間を持つことこそが幸せだというのが彼らの価値観です。

起業についても、同様の傾向が見て取れます。

私たちの世代までは、起業するからには会社も大きくして、普通のサラリーマンの何倍も稼ぎたいと考えるのが当たり前でした。そのために、成功した多くの起業家は、がむしゃらに働いてきたはずです。

しかし、今は逆に、「あまり働きたくないから独立する」という若者が増えています。彼らはお金より自由な時間が大事で、それを確保できるなら普通のサラリーマンの六割くらいの稼ぎでかまわないわけです。

どちらがいいという問題ではなく、**「幸せの価値観」が多様化している**のです。こうした傾向はこれからどんどん進み、**幸せは数字で捉えにくくなります。**

年収は多いほうがいいというものでもない。

偏差値が高ければいいというものでもない。

大事なのは、それが**本人の幸せの価値観に合致しているか否か**です。部下や子どもの幸せを、自分と同様に「高い数字」で測ろうとしてはなりません。

SNSが使えないと、人生に影響する!?

SNSの普及によって、今、スポーツ界に面白い変化が起きています。

これまで、スポーツ選手としてかなり高い報酬を手にできるのは、日本では野球とサッカーくらいでした。

バレーボール、水泳、体操、バスケットボール、陸上競技などもそれなりに人気はありましたが、選手たちの収入は決して多くはありませんでした。

でも、SNSがそうした構図を崩しつつあります。

たとえば、男子バレーボールの最近の活躍はめざましく、なかでも石川祐希、髙橋藍といった選手は、非常に人気があります。実は、髙橋選手のSNSのフォロワーは、サッカーの三笘薫選手よりも多いのです。

となれば、ネットでの広告収入も多額になりますし、スポンサーも放ってはおかないでしょう。これからは、スポーツ自体で活躍することはもちろんながら、SNSの活用次第で、その人のビジネスチャンスは大きく広がっていきます。

これはなにも、スポーツ選手だけの特権ではありません。有名人だけの特権でもありません。**どんなに小さな存在であったとしても、SNSを用いて巨大なレバレッジをかければ、世界中にファンをつくることができる**のです。

逆に言えば、**このレバレッジを利用しようとしない人は、大きな機会ロスをしているわ**

けです。

ここからが、本当に大事なことです。これは決して、スポーツ選手や有名人だけに当てはまる話ではないのです。**一般人である多くの人**にとっても、ＳＮＳが人生を左右するレベルになってきています。**人事採用にあたって、ＳＮＳのフォロワー数が多い人を高く評価するという企業も出てきている**のです。

「企業ＰＲや自社の商品のＰＲをして貰うために、インフルエンサーを自社で採用する」という**「インフルエンサー採用」**のことも最近聞くようになってきました。たしかに、自社にインフルエンサーがいたら企業にとって強い武器になります。今はまだ少ないですが、どんなビジネスにおいても発信力・拡散力は重要視されるので、今後、採用基準として取り入れていく企業がますます増えていくことは想像に難くないのではないでしょうか。

ただし、ＳＮＳならではのリスクをしっかり理解しておかないと、大変なことになります。下手なやり方をすれば、ＳＮＳの巨大なレバレッジは負の方向にかかり、大炎上が収まらなくなります。

つまり、どちらにしてもこれからの時代、ＳＮＳに疎《うと》いというのは致命的なのです。

「なるほど、我が子にＳＮＳについての知識を徹底的につけさせなければならないのだな」で終わっては困ります。それを最も必要としているのは、今のみなさんです！

成功者ほど「ハイブリッド原石」を潰す

目の前に迫っている2030年に、新卒で会社に入ってくる若者は、2008年前後の生まれです。彼らは、東日本大震災のときに3歳くらいだったので、あの大惨事の記憶がない子も多いでしょう。阪神・淡路大震災に至っては、自分が生まれる前の歴史上の話であり、私たちにとっての関東大震災のようなものなのです。

このくらい、異なる感覚を持ちながら一緒くたになって生きている人々を、すさまじい変化が襲おうとしているのが今という時代です。

よほど注意深く過ごしていないと、あっという間に「なりたくなかった自分」になってしまいます。なりたくなかった自分とは、すなわち、**ＡＩに潰される自分であり、ハイブリッド原石を潰す自分**です。

今後、大きく世の中が変わっていく中で、**これまでの価値観にこだわることは、即、古くなることを意味します。**いったん古くなってしまうと、とくにホワイトカラーの場合、復活はかなり困難です。

さらには、ハイブリッド原石を潰すことに繋がります。

下の世代に向けて「悪いことは言わないからやめておいたほうがいいよ」「それよりもこうしたほうがいいよ」などとアドバイスするのは、もちろん「良かれ」と思ってのことです。自分が成功した道を歩ませてあげたいからです。

こと、我が子に対しては、そういう思いが強いでしょう。

しかし、**自分が歩んできた「成功への道」は、部下や子どもから見れば、同じように成功に向かってはいません。逆に、「失敗に向かう可能性」のほうが高いのです。なぜなら、古いからです。**

一番古くて変われないのは政治家だと思いますが、それを批判している人たちもまた古いのです。

テレビのワイドショーやニュース番組に出てコメントを述べている、いわゆる「知識人」と呼ばれる人たちも、過去に通用した古い価値観でものを言っているケースが多く見られます。

サッカー界においても、かつては食事を共にしながらコミュニケーションを図ることがよくありました。しかし、今の若い選手たちの多くは、自分の体をつくる食事を栄養士に任せており、その指導から外れることを嫌がります。そういう彼らに向かって「おごってやるから」と先輩風を吹かすのは、ひどく古い行いです。

今はイケイケで通用しているビジネスパーソンも、充分に自戒してほしいところです。たとえば、接待上手を武器にして契約を取ってきたトップセールスが、そのやり方を部下に教えても、おそらくまったく通用しないでしょう。

古い人は、新しい人を「宇宙人みたいだ」と言ってきました。しかし、新しい人が増えれば古い人が少数派となり「おまえが宇宙人だ」と言われるわけです。ところが、いつまで経っても、その現状に気づけない古い人が多いのです。

つまり、**みなさんに求められているのは「自分の否定」**です。

自分を否定するなんて、とくに成功者にとっては受け入れがたいはずです。ただ、それをやることが、自分自身にも我が子にも、明るい未来を提供するということを忘れないでください。

どんな分野でも言えることですが、あるときまで華々しく活躍していた人が、「気がついたら消えていた」ということがよくあります。たとえば、テレビを見ていても、コンプライアンスの理解が浅かったために番組からいなくなってしまった人がいます。そういう

「時代」なのです。

思い起こせばみなさんの周囲にもいつの間にか消えた人がいるでしょう。

こうした「あの人消えた」が、これからはどんどん起きます。人だけでなく、企業や学校など団体でも起こります。

この変化の時代は、**「変われない古い存在」が淘汰されていく時代**でもあります。変われない古い存在が消えていくのは、世界にとっていい現象とも言えるのです。

だったら、そのいい現象を喜べる側に入りましょう。

第5章

新しい価値観で
子どもを伸ばす
親になるための16の秘訣

これからの子どもたちは、みなさんの時代とはまったく異なる世界を生きていかねばなりません。彼らが戦う相手であり、ライバルと呼ばれるのは、人間ではなくＡＩです。

そんな子どもたちに、幸せな人生をまっとうして貰うために、親はどうすればいいのでしょうか。

この章では、これまで述べてきた内容をもとに、子どもを持つ親が、我が子のために有するべき思考、とるべき行動について再確認していきましょう。

1　成功体験を徹底して〝忘れる〟

新しい時代に強く生き残れる子どもを育てるために、親が最初にやらなければならないのが、自らの成功体験を捨てること。それも、徹底して捨てることです。

今の社会でそこそこ成功している親は、子どもにも１０００万、２０００万と高収入を取れるプレイヤーになってくれることを望みがちです。でも、「だから、いい大学に入って、いい職業に就いて」という基準で子どもを導いていたら、おそらく高収入プレイヤーというのは叶わないでしょう。

男女問わず、一生懸命頑張っていい大学に入り、ビジネスパーソンとしても成功してきた人たちにとって、自分の生き方を否定することには抵抗があるでしょう。

あるいは、本人は外で仕事をせずに夫を支えてきた主婦のケースであっても、自分たちの時代の成功パターンを捨て去るのは難しいものです。夫が成功者であるなら、我が子にも、夫と同じような道を歩ませたくなるはずです。

しかし、それと正反対のことをやっていかねばなりません。

子どもにとって、**親は最も身近に存在するロールモデル**です。自分の親が現在かっこよく活躍していて、金銭的にも恵まれた暮らしをしていれば、「パパみたいに成功したい」「ママの真似をしたい」と子どもは憧れて当然でしょう。

だからこそ、相当に注意が必要なのです。

大変なことではありますが、**「親と同じやり方ではダメだよ」**と言わねばなりません。

もちろん、成功した親がこれまで歩んできた道は間違っていなかったわけですから、大いに自己肯定感は持っていいのです。しかし、我が子にもそうした自己肯定感を持って貫いたいのであれば、同じ道を歩ませてはいけないということです。

2 成功のサンプルをたくさん見せてあげる

親の成功体験を押しつけてはいけないからといって、大好きで憧れている親から、「パパやママのようなやり方をしてはいけないよ」と言われるだけでは、子どもは大いに迷ってしまいます。

子どもの「じゃあ、どうすればいいの？」という疑問には、たくさんの幸せな成功例の形を示してあげてください。**親の価値観では成功に見えないケースだとしても、「こういうのもアリだよね」と俎上《そじょう》に載せることが大事**です。

実際に、幸せの定義自体も多様化していますから、みなさんの子どもは、みなさんと違って年収の多寡に価値を見いださないかもしれません。

大事なのは、**本人が「これが自分にとって幸せな生き方だ」と思えること**。そう思えたら、その人の人生は成功なのです。

たとえば、第2章でも触れたアナウンサー。テレビ局のアナウンサーは今のところ、なるのが非常に大変な人気の職業です。でも、何百倍もの競争を勝ち抜いてキー局のアナウンサーの座を得たとしても、その先はさまざまです。

もちろん、そこでベテランとして出世していくのもアリ。

独立して高いギャランティを得るのもアリ。

引退して海外生活を始めるのもアリ。

ときどきパーティで司会のアルバイトをするのもアリ。

知名度を利用して起業するのもアリ。

俳優に転身するのもアリです。

田中みな実さんは、以前はアンチが多い印象もありましたが、同時に、すごくコアなファンも持っていました。そして俳優に転身して以後、写真集も爆発的にヒット。間違いなく彼女は成功しているわけです。田中さん以後、自由な感覚、自由なキャリアステップでテレビ局を辞める20代、30代のアナウンサーが目立ってきた印象があります。

森香澄さんがアナウンサーを足掛かりにインフルエンサーに転身したときには、憧れの職業が決して〝ゴール〟ではない、という新しさを感じました。

また、国山ハセンさんは退社後、別の会社で動画コンテンツのプロデューサーの仕事を始めましたが、時々MCとして出演したり、並行してタレント活動を行うなど、以前のキャリアを生かして活躍しています。ハセンさんといえば、イクメン／男性育休オブザイヤー2023「男性育休タレント部門」を受賞したのも、注目すべき点だと思っています。アナウンサーという仕事だけを見てもこれだけ変化しているのです。

新しい時代にどういう価値観で子どもを導けばいいかといったら、**正直なところ正解はありません。だからこそ、どんなことも視野に入れて、子どもにたくさんの成功例を見せてあげてください。**

3　大学生になってからではぜんぜん遅い！ 早くからマクロな将来を見据える

医師や薬剤師など特殊な職業を除き、親の世代の場合、大学生になってから「将来どうやって食べていくか」を考える人がほとんどだったはずです。

いわゆる就職活動を始め、OB訪問をしたり、インターンシップに参加したりしてようやく、さまざまな業種の仕事の輪郭が見えてきたという人も多いでしょう。実際に、それで充分に間に合ったのです。

しかし、**これからはそれでは遅すぎます。**いかにお金を稼ぎ、死ぬまで食べていくかについて、早い段階から親が一緒に考えてあげねばなりません。

変化の激しい時代に、親が子どもを導いてあげるために必須なのは、**今まで以上に「早い段階で」「マクロの」目標を意識すること**です。

できれば**小学生のうちから**、「この子は、どういう道に進むのがいいか」という大きな方向を見極めておきましょう。

このときに、大きな足枷《あしかせ》となるのが親自らの成功体験です。それは封印し、まったくの「さらの状態」で検討してください。

先入観なしにいろいろなことをやらせてみると、子どもの特性が見えてきて、その結果、親の価値観では引っかかりもしなかったものに、子どもは興味を示すかもしれません。そうしたら、そのいくつかを続けさせてみましょう。やがて、だんだんと方向性が見えてくるでしょう。

もちろん、途中で修正を入れても結構。要するに、**小さい頃からたくさんのトライアルアンドエラーを積み重ねること**です。

こうしたことは到底、子ども本人には難しい作業で、親の手助けが必須です。
ただし、手助けとは、「こうしたほうがいいよ」と自分の成功例に基づいてアドバイスをすることではないと、重ねて述べておきます。

4 子どもの武器を見極める

なんらかの職業を考えたときに、そこで我が子がどんなゴールを目指し、そのためにどんな武器を持ち得るのかを探ってみましょう。**個性的な武器を持たずに漫然と戦っていれば、淘汰されてしまうのがＡＩ時代**です。

たとえば、同じようにサッカー選手を目指すとしても、一人ひとりゴール設定は違います。まず言えるのは、サッカーのみで一生、生計を立てていけるのは、日本代表になるくらいの実力がある選手だけだということです。

その日本代表選手でも、それぞれ個性があります。足がすごく速くても体が小さい選手、足は遅いけれど足技に優れた選手、全体を見渡して動くのが上手な選手……そうした特性に応じて、チームから必要とされているわけです。

こうした特性は、おそらく子ども時代からその芽があり、それを見極めて伸ばしてあげる大人がそばにいたから伸びたはずです。そこにこそ、大人の価値がある。

さらには、そういう選手であっても、ずっと現役でいられるわけではありません。

そこで、コーチになるなど一生サッカーに関わって食べていくことをゴールに設定している人もいます。

あるいは、企業のCMに出たりして収入アップを目指す人もいます。そのお金で、引退後になにかビジネスを始めるというのも一つのゴール設定です。

一方で、日本代表になどなれそうにないというなら、好きなサッカーをやりつつもほかにお金を手に入れる方法を持たねばなりません。SNSを活用して広告収入を得たり、あるいは、まったく違う仕事との二足のわらじを履いたりする必要も出てくるでしょう。J3というカテゴリーでプレーしながら、ユーチューバーとして活動している選手を見ると、いい選択をしているなと思います。

このように、一時期は同時にグラウンドに立っている選手たちであっても、一人ひとりのゴール設定は、その能力や個性によって変わってきます。そのゴール設定を、今まで以上に早く行わなければいけない時代になっているのです。

得意分野に特化することで、我が子が食べていけるようにするのか。

それだけでは難しいから、バランス型の人間として育てていくのか。

そのためには、どんな武器を身につけさせればいいのか。

自分の時代の価値観から離れ、広い視野で検討してください。

5 道がたくさんあることを教えてあげる

ゴールが多様化しているように、そこまでの道もたくさんあるのが新しい時代のいいところです。

たとえば、ヨーロッパで活躍するサッカー選手になりたかったら、以前なら有名校で功成り名を遂げて、Jリーグに入り、日本代表になって……という大きな道が一本用意されているだけでした。

でも、今は高校を卒業していきなりヨーロッパにわたって勝負する例も増えていますし、今後はさらに多くの「なり方」が出てくるでしょう。

これは、どんな分野においても言えることです。

過去において、会社経営者でもない人が年収2000万円を稼ぐようになるには、医師か、弁護士か、五大商社の役員くらいしか道がない、みたいなことが言われていました。

しかし今は、ユーチューバーでも、プログラマーでも、eスポーツの選手でも……いろいろな形でそれが可能です。

そして、ユーチューバーでも、プログラマーでも、eスポーツの選手でも、あるいはデザイナーでも、教育者でも、起業家でも、どのような職業であっても、**多様化の時代には、アプローチ方法がいろいろあります。**

要するに、山に登る道がたくさんあるのです。

富士山なら、大きく4つの登山ルートがありますね。

初心者向けである一方で混雑がひどい吉田ルート。

最短ではあるものの急坂が多い富士宮ルート。

樹林帯を抜けたり鎖場があったりする須走ルート。

人は少ないけれど距離が長い御殿場ルート。

一口に富士登山と言っても、どのルートを選ぶかで、登頂できるかリタイアに追い込まれるかが決まります。

自分にとってどのルートが最も登りやすいかを選び取ることが大事であること、そして、どれかのルートでリタイアしたとしても、**次には別のルートで再チャレンジすることも可能だ**ということを、我が子に教えてあげましょう。

6 子どもへの評価軸をたくさん持つ

今は、子どもの能力を磨くための道具もたくさんあります。

スポーツのクラブもあちこちにあるし、オンラインによる学習環境も整って、子どもにいろいろ経験させることができます。

過去の成功体験をもとに判断してはならない親としては、まずは**我が子にいろいろな道具を使わせてみる**ことです。自分は見たことがないような道具でも、子どもには躊躇なく使わせましょう。

たとえば、学習塾にも行かせ、サッカー、バスケットボール、体操、バレエ、ピアノ、絵画……と、無料でできる体験を見つけて、させてあげるだけでもいいでしょう。

それにともなって、**親自身も、評価軸をたくさん持つ**ことです。

いろいろなことをやらせてみれば、その子に向かないこともわかってきます。そのときに、向かないことはとっとと評価軸から外してしまえばいいのです。**評価軸をたくさん持っていればどんどん捨てられますが、少ないとそこにこだわって失敗します。**

親としては「音楽の能力を伸ばしてあげたいな」と思っていたのに、ピアノもバイオリンも苦手そうだとわかったら、音楽については忘れてしまいましょう。そして、ほかに目を向け、「美術的なセンスがいい」とか「文学が好きそうだ」とか、子どもが輝く要素を見つけ、大いに評価してあげてください。

このように、評価軸をどんどん変えてしまっていいのです。

「軸を変えてしまったら正確な評価ができない」というのは古い価値観で、そもそも、**なにが正解かわからない激変の時代には、柔軟すぎるくらいに親もどんどん変わっていかねばなりません。**

7　偏差値よりも個性を重視する

これまでの親は、我が子が偏差値の高いA中学校に合格しそうであれば、迷いなくA中学校を受験させていました。そして、A中学校の入試対策を練り、どういう問題が出るのか、面接にはどう臨めばいいのかについて、真剣に検討してきました。それだけ親も必死だったのです。

というのも、**親の価値観では、成功への道は一本だけだった**からです。特別に運動や芸術の才能に秀でているわけではない我が子の将来に思いを馳せたとき、「いい学校に行かせる」というのは、成功のレールに乗せるために必須の要素に感じられたことでしょう。「レールから外してはならない」という、ある種の焦燥感すらあったはずです。

でも、これからは、そこにしがみつく必要はありません。

成功の定義が変わってきている今、たとえA中学校に受かりそうであっても、偏差値では低いB中学校を選ぶという道を取ってもいいのです。

あるいは、そもそも中学受験をさせずに、公立中学校に進ませたほうが子どもの個性は伸ばせるという判断をすることもあるでしょう。子どもにとってベストなのは、小学受験、中学受験、高校受験のどれなのか、考えてみてください。

今は推薦型の大学入試が増えており、中学校・高校で有名校に入るより、入った学校で良い成績を残すことが有利に働いたりもします。

つまり、**もう偏差値などという数値からは自由になっていい**のです。

逆に言うと、偏差値を基準に子どもの将来を考えていた親は大変です。これまでは、学校と我が子の相性を数値のすりあわせで見ていたのが、もっと子どもの個性に着目していかねばなりません。

しかし、それは楽しい作業ではありませんか。

データ処理能力の高いＡＩが出現した新しい時代において、むしろ人間はデータでものを考えることに適さなくなりました。

親と子が、偏差値なんか気にせず、**本当に自分たちにとって幸せな道を選べる時代になった**とも言えるのです。

8　自分が知らなかった世界からも、〝広く浅く〟情報を取りに行く

我が子が、どんな道具ならうまく使いこなし武器にしていけるのか。それは、道具を数多く与えていかないと、なかなかわかりません。

これからの親は、子どもに与えるさまざまな道具に関して、たくさんの情報をゲットしていく必要があります。どんなものも最初の時点で排除することなく、**むしろ自分たちが知らなかった世界から情報を集めていく**ことです。

かつて「かけっこ教室」が誕生したばかりの頃、多くの大人が驚きました。「バカ言っているんじゃないよ。かけっこなんて教えて貰うまでもないだろう」と。

しかし、それを必要としている子がいて、かけっこが上達することで運動嫌いが解決したり、自己肯定感をアップさせたりする効果があったから、今も続いているわけです。当時から我が子をかけっこ教室に入れて能力を伸ばすことができた親は、なかなか先見の明があったと言えます。

どんな情報もどんどん古くなります。今の東大生が子どもの頃に習っていたことをマネしても、それはすでに10年前のデータです。

我が子になにがうまくヒットするかわからない状況では、「広く浅く」の情報が大事です。深く掘る必要はありません。広くて浅い情報に親子でどんどん触れていきましょう。

習い事でも、最初から「水泳と英会話とピアノにしよう」などと決めてしまうのではなく、より広く浅く探ってみましょう。

たとえば、「自宅から半径3キロ以内」とか「車で15分以内」とか範囲を設定し、そこで習えるものを全部調べてみるというのも一法です。そして、できるならば片っ端から体験入塾させてみるといいでしょう。

最初は掘り下げようとせず、**浅くていいので情報の表面積を広げていく感覚**でいてください。

一般的に「広く浅く」という言葉には、本気度に欠けたちゃらんぽらんな印象があり、あまりいい意味では使われません。しかし、子どものための「入り口」をつくるときには非常に大事なポイントです。まずは、広くて浅いフィールドで子どもになんでもやって貰い、ピンとくるところがあったら深く掘っていきましょう。

変化の大きい時代に、「広く浅く」はプラスになることも多いのです。

9　それでは子どもにはぜんぜん足りない！　意識的に枠を広げる努力を

子どもに中学受験をさせようと考えている親の多くは、A中学校がいいか、B中学校か、あるいはC中学校か……と、検討に検討を重ねます。我が子のために、そうした努力を惜しまないのに、一つ重要なことを見落としています。そういう親は、最初から私立中学校しか考えず、地元の公立中学校を見ることをしないのです。

しかし、結果的に希望する私立中学校に入れなかった場合は公立中学校に行くわけです。それに、もしかしたらその子には、近くて通いやすい公立中学校が向いているかもしれません。でも、最初から切り捨ててしまっています。

大学生の就職活動を見ていても、世の中には実にいろいろな仕事があるのに、彼らが足を運ぶのは、ごく限られた分野だけです。人気企業ランキングの上位を占めている、地元にある、先輩が勤めている、自分が好きな商品をつくっている……と、広く選んでいるつもりでも、ごくごく一部に過ぎません。

企業サイドも同様です。多くの応募がある企業では、面接に残す学生を「学歴フィルターにかけて絞る」ということが行われています。それによって、一人にかけられる面接時間が増えたとしても、素晴らしい才能の持ち主を採用できたかもしれない可能性を捨てているとも言えます。

このように、**人はあらゆる場面において、自分の中で「見るもの」を限定してしまって**

いるのです。

成功した人は、いろいろな場に出向き、いろいろな人と会って、いろいろな経験をしてきたはずです。しかし、客観的に俯瞰すると、その世界は非常に狭いのです。

だから、**親の感覚で「広く、広く」と頑張っているつもりでも、子どもの将来にとってはまだまだ不充分**です。

そのことを肝に銘じ、情報収集の枠を意識的に広げましょう。

10 「いつも勝てる場」では成長できない。「競争のある場」を探す

長時間労働は当たり前で、給料は安く、パワハラやセクハラが横行しているような職場を「ブラック企業」と呼ぶことは、ほとんどの人が知っています。

では、この逆パターンで、仕事はきつくなく、雰囲気もよく、離職率が低ければ「ホワイト」なのかといったらそうではありません。若者たちは、こうした職場を「ゆるブラック」と表現しています。

ゆるブラックでは、たしかに苦労やストレスは少ないものの、期待されておらず成長機会が与えられないという不満が生じるようです。マイナビの調査を見ると、驚くことに「自分の勤め先はゆるブラックだ」と感じている人は、20代では7割近くにも上っています。大半が、危機感を抱いているわけです。

多くの教育現場は今、運動会では順位をつけたがらず、テストの点数を廊下に貼り出すようなこともありません。

企業も甘く、「みんなで勝ち得た契約だ」などと拍手で称《たた》え合ったりしています。しかし、それで本人がこれからの時代を生き残っていけるのでしょうか。そこまで考えない無責任な指導者が増えているのです。

こういう状況にあって、我が子を「ゆるブラック」の世界に突き落とさないためには、親が相当な努力をしなければいけません。**適切な競争の場を与えてあげられるのは親しかいません。**

こうした時代でも、競争のある場は存在します。だから、いろいろ回って調べてください。野球やサッカーのクラブに入れるにしても、炎天下でも練習をさせるクラブ、すぐに休ませるクラブ、親に積極的に関わらせるクラブ、口出しさせないクラブ……と個性があります。

そこから、我が子に最も適した競争ができる場を選んであげましょう。**いつも勝っている競争では成長できません。「負けることが多いけれど、ときどき勝てる」くらいのレベルだと伸びしろが大きくなります。**

11 新しい時代の「叱り方」を身につける

かつての私は、塾の子どもたちにがんがん怒鳴って叱るタイプでした。もちろん、愛のある怒り方をしていたつもりですが、それがパワハラと受け取られかねない時代なので、今は極力、控えています。

だからといって私は、子どもに「怒り」を伝えないわけではありません。

AIが台頭する時代だからこそ、たまにある人と人とのコミュニケーションは大事。**悪いことをすれば人の怒りを買うのだということを知らなければ、その子の将来は危ういで**しょう。

今、塾の教室で騒いでいる子どものところに私が向かえば、子どもは「ヤバい、怒られる」という表情をします。しかし、私はそのまま一睨みして去っていきます。すると今度は、子どもは「ラッキー」という表情に変わります。

そこで、すかさず私は、「これって、見捨てるということだからな」と言うようにしています。子どもたちに、**「怒りの表現はいくつもあるんだから、それを理解しておけ」**と教えているのです。

もちろん、子どもですから意味がわからずにポカンとしています。でも、考える子ならば、やがて理解してくれるでしょう。

今は学校でも塾でもスポーツスクールでも、子どもたちは厳しく怒られることはありません。ただ、それは指導の仕方が変わっただけであって、怒られる理由が子どもから消えたわけではないのです。

だから、「先生にもコーチにも怒られないからうちの子どもは大丈夫だ」というのではなく、反省しなければいけない点を親がきちんと見つけ、子どもに気づかせなければいけません。

それをしないでいれば、子どもは大きな勘違いをしたまま社会に出て行くことになります。

元プロ野球選手のイチローさんが、大人に叱って貰えないZ世代のことを憂えているこ
とがニュースになりました。叱る、怒ることの大切さを、一度見直してもいいときなのか
もしれません。そしてもちろん、大人も常に反省して子どもへの接し方について学ぶこと
が大前提です。

12 コスパ・タイパ主義から脱却する

今、セミナーなどの予定を詰め込むビジネスパーソンが増えています。コスパやタイパ
が重視される現代において、スケジュール表に余白があると、「なにかしなくてはいけな
い」という強迫観念に襲われるようです。

子どもに対しても同様で、時間を細かく区切って塾や習い事に通わせています。

たしかに、コスパ・タイパを意識して合理的に行動すること自体は大事です。でも、い
たずらにそれを追求してはいけません。

コスパ・タイパを追求すればするほど、AIに近づいていきます。コスパ・タイパはA
Iが最も得意な分野であり、みすみす負けに行くようなものなのです。

AIの時代こそ、AIにはない要素を持たなければいけません。

一つ気づいてほしいのが、子どもの予定を詰め込んでいるとき、そこに罪悪感を覚える親もいるということです。

子どものコスパ・タイパ主義は、明らかに女性の社会進出と関係していると私は考えています。働くお母さんが子どもに対して罪悪感を抱くことがあると聞いたことがあります。それでお金をたくさんかけて、いろいろやらせるという方向に走る人もいるとか……。

でも、そんな必要はありません。**子どもの予定を詰め込む必要もない**し、お母さんが罪悪感を抱く必要は毛頭ありません。そもそも、お父さんが仕事を休んで子どもの面倒を見ればいいだけの話です。

罪悪感を抱いているお母さんも、それをさせているお父さんも、子どもを時代遅れのコスパ・タイパ主義に追いやって潰しかねません。

13 大人も子どもも、意識をして、あえて〝余白〟をつくる

WBCで日本代表として活躍したラーズ・ヌートバー選手もそうですが、アメリカのメジャーリーグには、アメフトをやっていた選手が結構います。

大谷翔平選手は水泳をやっていたことで知られています。

こうした「スポーツの副業」とでも言うべき行為は、コスパやタイパで考えたらムダなはずです。一定の時間があるなら、そこで野球だけやっていたほうが、一見、有利に思えるでしょう。しかし、同じものばかり詰め込んでいたら、いずれ怪我をするか、ストレスでパンクするかしてしまいます。

一方、いろいろな競技をやることで、体の使い方に対する**理解が深まります**。また、ピンチに陥ったときのメンタルの保ち方なども**多角化することができる**でしょう。

勉強も同様で、国語力をつけることで、広く言語に対する理解が深まり、英語の成績も向上することが多いのです。

コスパ・タイパ至上主義でいれば、結果的に失敗します。パソコンのハードディスクがいっぱいな状態と同じで、余白の部分がないことで新しいものが入ってこなくなるのです。

余白とは、決してムダではありません。まさに伸びしろそのものだということを忘れてはなりません。意識的に、もっと余白をつくりましょう。

子どものスケジュールに余白を持たせるために、まずは、親自身がそれに取り組むことです。親子でなにもせず、だらだら過ごす週末を設けるのもいいでしょう。

もし、「だらだら時間」を気持ちいいと感じることができなかったら、自分が相当に古くなっているのだと気づいてください。

コスパ・タイパに秀でた人が優位だったのは、過去の話です。**コスパ・タイパという概念自体がもう古い**のです。それは、とっくにＡＩにバトンタッチされています。いつまでも握りしめていないで、一刻も早く手放しましょう。

14 あえて、アナログな時間を持つ

パソコンもスマホもなかった時代、画像で見る娯楽と言えばもっぱらテレビでした。一家のリビングに置かれたテレビからは、ニュース、ワイドショー、連続ドラマ、歌番組、アニメ……と、そのときにチャンネル権を持つ人の希望に合わせ、いろいろな放送が流れていました。

私の家も同様で、好きな番組を見られるときも、そうでないときもありました。でも、

結果的に関心がないものを見て、自然と知識の幅が広がっていきました。

しかし、スマホのユーチューブでは、自分の好きなものが見られます。好きなものだけ何度でも繰り返し見ることができるし、関連するものが次々と紹介されるから、なおさら「好き」を極められます。

それは楽しいことではあるけれど、間違いなく世界を狭めてしまっているのです。

書店に本を買いに行っていた時代は、お目当ての本を探すのに書店をうろうろしなければなりませんでした。時間はかかったけれど、それによって目当てのもの以外にも「こんな本があるんだ」といろいろ目にすることができました。

今はアマゾンで簡単に目的の本に辿り着くので、そうした余計な情報は入ってきません。

ユーチューブもアマゾンも、人類の進化の賜《たまもの》です。便利で楽しいですし、利用しているときは「使いこなしている」気分でいる人が多いのではないかと思います。

しかし、配信サイトからの「おすすめ」はありがたい一方で、自分の世界をどんどん狭くしていることに気づいてください。狭い世界に追いやられ、好きなものだけ目の前にぶら下げられて喜んでいるのですから、まんまと「使われて」いるというのが正しい解釈です。

繰り返し述べますが、大事なのはAIを使いこなせる子どもに育てることです。**デジタルに偏りすぎず、ときにはAIが不得意なアナログな世界に、子どもを置いてあげましょう。**デジタルしか見ていなかったときに比べて、ぐんと伸びる可能性があると思います。

15 我が子という原石を潰さない

ショップの店頭に並ぶ宝石がキラキラと輝きを放っているのは、そのように磨かれているからです。

磨かれる前の原石は、私たち素人が見ても、それがなんという宝石になるのかおそらくわかりません。それどころか、ただの汚い石にしか見えないかもしれません。

プロですらも、どのくらいの価値があるかは磨いてみないとわからないそうです。

乱暴な言い方をすれば、子どもも同じです。

すべての子どもが、なんらかの原石であることは間違いありません。でも、それぞれが、サファイアなのか、ルビーなのか、ガーネットなのか、アメジストなのかということは最初はわかりません。だから、まずはいろいろな可能性について広く浅く検討していく必要があります。

言ってみれば、洗って汚れを落として、外側を磨いていく作業です。

そして、だいたいどんな石なのかがわかってきたら、今度はその石に適した磨き方をしていかねばなりません。ダイヤモンドとオパールでは、魅力的な仕上がりの形がまったく違います。

また、エメラルドのように比較的柔らかい石もあり、磨き方にはそれぞれ注意が必要です。

それを、「高価なダイヤモンドに仕上がるといいな」とばかり、**その石の特性を考慮せず磨いていれば、子どもは潰れます。**

そもそも、「高価なダイヤモンドがいい」というのは、非常に古い価値観です。

これからはむしろ、今まで認識されていなかった新しい宝石が登場するのが待たれており、どの子もそういう存在になり得ます。

正解のない変化の時代にあって、古い価値観を捨て、我が子という原石を丁寧に磨いていきましょう。

16 目的を間違えない

今後、**「東大→大手企業」のようなわかりやすい成功のパターンはなくなります。**すでに社会人経験が長い大人でも、「このルートに乗っていれば大丈夫」などという保証はどこにもありません。

だからこそ、さまざまな可能性を探るべく**「広く浅く」選択肢を残しておく**ことが重要なのですが、そのときに、**目的ははっきり**させておかねばなりません。

山に登る道はたくさんあるとはいえ、その山に登ることが目的でないなら、どの道を歩むこともムダでしかありません。

エベレストの頂《いただき》に立つことを目的とする人もいれば、里山を楽しくハイキングしたい人もいます。ほかの人たちがどうしているかではなく、「自分はどうしたいのか」「自分はどこまでならできそうか」を見極めることが必須です。

より具体的に言うならば、たとえば高年収を手にしてタワマンに住みたいのか、平均年収くらいで充分だから家族と楽しい時間を持ちたいのか……そうした、その人なりの「成功の形」を描けるかどうかが重要です。

少なくともみなさんの世代までは、「まずはいい学校を出ておけば、就職もどうにかなるでしょう」「就職がどうにかなれば、その後もなんとかいけるでしょう」という曖昧な目標設定で大丈夫でした。しかし、それを我が子にあてはめてはなりません。

名門女子中学校として名高い桜蔭や豊島岡女子学園は、医学部への進学率が高いことで知られています。そもそも両校では、女性が活躍できる職業として医師の道を選ぶ卒業生が多く、そうした先輩たちに続こうとする生徒を学校側も応援しているのでしょう。

だから、「医師になる」という目的が明確にあるならば、こうした中学校に進学することは、効果的な選択肢の一つです。

一方で、**「有名な中学校だから、入学させておけばそれだけで有利だろう」という判断はマイナスに働きかねません。**入ってからが本当の勝負です。

スポーツを始めるのも、「健康な体を手に入れさせたい」という目的なら強いチームに所属させる必要はありません。**レギュラーになれずつまらなくてやめてしまうより、楽しく通えるチームを選んであげるのが一番**です。

第6章 無限大の伸びしろを持つ子どもに共通する12の要素

うかうかしているとAIに淘汰されかねない時代は、見方を変えれば、AIを使いこなすことで大化けできる時代でもあります。

言うなれば、プラスにもマイナスにもレバレッジがかかるわけで、これからを生きる子どもたちは、そのダイナミックな海を泳いでいくことになります。

そこでは、過去に役立った**偏差値などの評価基準はほぼ意味を持ちません。**

では、いったい、どんな側面に注目し、子どもを伸ばしていけばいいのでしょうか。

この章では、これからの時代を強く生きていくために、子どもに求められる重要なポイントを確認していきましょう。

1　愛嬌と人懐こさがある
——一人では社会で生きられない

私がヨーロッパに送り込むお手伝いをしたサッカー選手を見ていると、面白いことに気づきます。早くから活躍の場を得ることができるのは、必ずしも技術が高い選手ではないということです。

その土地やチームに溶け込んで愛される選手こそ、こちらの予想以上の活躍を見せます。

そして、溶け込むために必要なのは、語学力よりもむしろ、その人ならではの愛嬌、人懐こさみたいなものなのです。

逆に、いくら技術があっても、プライドが高く不遜な態度をとったり、笑顔の一つも見せられなかったりするような選手は、その力をなかなか発揮できません。

要するに、**国境に関係なく、周囲から好かれる選手が有利**だということです。

このことは、どんな時代にも、どのような世界においても共通です。大人だろうと子どもだろうと、「この人と一緒にやっていきたい」と思われることが必須です。

みなさんの子どもが、どれほど能力が高く、なにか秀でた分野を持っていても、自分一人でその能力を開花できるわけではありません。**協力してくれる人たちがいてこそ、成功を手にできます。**

あるいは、どちらかというと凡庸なタイプであった場合、なおさら好かれる人であることは大事です。**多くの部分をＡＩに任せる時代には、手を携える人間はよほど信頼できる人に絞られていく**からです。

「いい人」も立派な才能です。我が子を、「助けてあげたい」「引っ張り上げたい」と思って貰える人間に育てましょう。もう少し具体的に述べれば**「愛される素直さ」が必要**ということです。

たとえば、ちょっとした失敗を同級生になすりつけたり、チームで成果を上げたにもかかわらず自分だけ評価されて天狗《てんぐ》になっていたりするようなことがあったら、それを見過ごすことなく子どもと話し合いましょう。

2 「自責の時代」の到来
――人のせいにする子は伸びない

子どもを伸ばすのは親や教師の重要な仕事ですが、いくら周囲が尽力しても、本人が我が事と捉えてくれなければ話になりません。

私は本書でこれまで何度も、「親の古い価値観で動くな」「子どもを正しく導け」と述べてきましたが、それは「なんでもやってあげなさい」という甘やかしのすすめではありません。

これからやってくるのは、徹底して自分が問われる時代であり、**成功した親と同じよう**

にしていればなんとかなるわけではないということを伝えたいのです。

こうした「自責の時代」には、幼い子どもであっても、**常に自分に矢印を向けているこ**
とが必須です。なにかにつけ、**責任を他人に求めるといったことはさせない**ようにしましょう。

サッカークラブでも、試合に出られないと監督を恨む子どもがいます。得点に絡めないとチームメイトを恨む子どももいます。試合に出られないのも、得点に絡めないのも自分の力が足りないからであって、誰のせいでもありません。

学校の成績が落ちたら、教師の教え方が悪いと言う。

解けなかった問題について、「これ、悪問だよ」とテストにケチをつける。

こんなことをしている限り、学力は絶対に伸びません。

スポーツでも学業でも、**ダメなときほど「僕のどこがいけなかったんだろう」「私になにが足りないんだろう」と自分に矢印を向けることが重要**です。

我が子が他責の態度をとっているとき、決して同調しないでください。だからといって、叱りつける必要もありません。

「〇〇ちゃんは、どこでミスをしたんだろうね」というように、子どもの意識を自分に向けさせ、一緒に考えてあげましょう。

もちろん、指導者自身も検証が必要です。成績を伸ばせない子どもやチームについて、彼らのせいにして終わりではいけません。自分の指導方法に矢印を向けましょう。

3 逃げの選択肢を取らない
——今の時代だから、あえて「頑張る」

日本は自由主義国家であり、法に触れたり人に迷惑をかけたりしなければ、基本的になにをやってもかまいません。みなさんも、その枠の中で奮闘し、成功を手にしてきたのだと思います。

みなさんの子どもの世代では、その枠自体は変わらないものの、「なにをやっても」の部分が、より多様化していきます。

私が携わっているサッカーの世界では、意表を突く行動をとる選手が増えました。もっとも、私が勝手に意表を突かれているだけで、本人は大真面目です。

たとえば、ある選手はそこそこ才能があり、ヨーロッパのリーグで活躍することも可能と思われました。ところが彼は、ヨーロッパどころか日本よりも格下のアジアの国に行って、そこでお金を稼ぐことを望んだのです。

また、別の選手は、ヨーロッパの行き先を決めるにあたり、チームの格や自分への評価よりも、「子どもをどの国で教育したいか」を最優先しています。

こうしたことは「かつてのサッカー界」では見られませんでしたが、それぞれが、自分の価値観にしっかり照らし合わせて行動しているのならいいことです。

とはいえ、それが「逃げの選択」でないことは重要です。

頑張るのが嫌なために、あれこれ手を出すのは「逃げ」です。

みなさんも、そして子どもたちも、なにをやってもいいし、やってみてミスマッチだと思ったらいくらでも変えてOKですが、逃げの選択はしないこと。

今は、「がむしゃらに頑張る」のは受けない時代です。だから、「がむしゃら」は取っていいでしょう。でも、「頑張る」まで取ってしまう人がいるのはいただけません。

売れているユーチューバーを見て「自分もああなりたい」と子どもが言うなら、かなり頑張らせないといけません。

ゆとり教育を例に出すまでもなく、今は「頑張りすぎなくていい」と言われる時代であり、実際に頑張りすぎる人は減っています。であれば、**がむしゃらに頑張ることで秀でることができる**とも言えます。

ただし、このときの「秀でる」を、以前の価値観で測ってはいけません。**これからの時代の「秀でる」とは、横並びでスタートした競争で先頭に立つことではなく、特化した個性を持ち、世の中に必要とされることを表現するのだ**と考えてください。

4 プレッシャーに耐えられる
――AIは精神面をカバーしない

コロナ禍を機に始まったオンライン授業は、その利便性から今後ますます増えていきます。その分、教師や同級生と直接顔を合わせる回数は減っていきます。

また、社会的にもパワハラが許されなくなり、その是非はともかくとして、教師も子どもたちに厳しいことが言えなくなります。

こうした背景があって、**子どもたちは人と対峙するプレッシャーにひどく弱くなっていきます。**

一方で、**AIがカバーしてくれないのが精神面**です。

試験や試合の前の緊張感、あるいは社会人になってからの重要な場面での緊張感を、AIに緩和して貰うことはできません。

サッカー選手として高い評価を得ている代表選手も、ワールドカップやオリンピックのような場で、最後に勝敗を分けるのは「気持ち」だと語っています。一対一の戦いになったところでは、戦術や戦略ではなく気持ちが重要だというのです。

ところが、AIの時代はプレッシャーのかかる環境にいないため、プレッシャーに弱い子どもが増えてくる。これを逆に見ると、**プレッシャーに強い子どもが有利**になるということです。

開成は、入学後すぐに、中学校と高校の合同運動会があることで有名です。中学生と高校生では体力も精神力も大きな差があることを承知の上で、全生徒を8つの組に分けて競わせます。入学後間もない中学1年生にも、自分よりずっと強い高校生たちの姿を見せ、プレッシャーを与えることで成長させるのです。

しかも、棒倒しのような団体競技もあり、それまで受験勉強しかしてこなかった入学したての中1生にとっては、指導係の高3生は恐怖でしょう。でも、学校は、こうして早くからプレッシャーを与えることが、子どもたちの成長に必要だと考えているわけです。

ＡＩを使いこなせる能力を備え、かつプレッシャーに耐えられる精神力を持っていれば、これからの時代に生き残る可能性大です。

5　負けた回数が多い
――大人になってからの負けはダメージ大！

子どもに中学受験をさせようと考えている親の多くは、非常に謙虚です。たとえ難関校に受かったとしても「我が子は優秀だ」と鼻高々になったりはせず、子どもにも「自分は優秀なんだ」と思わせないように心を砕いています。

そうした理解の深い親が我が子に中学受験をさせる目的の一つに、「神童にしたくない」ということがあります。

中学生から難関校に入るような子どもは、周囲から神童扱いされがちです。しかし、毎年、灘中学校に約２００人、開成中学校に約３００人、麻布中学校に約３００人が入学します。ほかの難関中学校も入れたら、優に１０００人を超えます。それが、毎年積み重なっていくのですから、実はたいした存在ではないわけです。

このように、本当は「まあ優秀」程度なのに「神童だ」と言われて育った子どもたちは、難関中学校に入って「ええ！」と慌てることになります。周囲には、自分を超える同級生がごまんといるからです。

でも、それは悪いことではありません。**「優秀なはずの自分が負けた」という体験が中学校の時点でできるのは素晴らしいこと**です。中学受験をさせる親が子どもに望んでいるのは、この**「負け体験」**です。

たとえば、開成から東大に進んだ人は、自分が優秀だとは思っていません。むしろ謙虚です。そういう人が同窓生にごろごろいるし、そもそも開成在学中にたくさん負けてきました。

このように、早くから負ける体験をしていないと、大学に入って、あるいは社会人になってからの負けはダメージが大きく、心が折れかねません。

子どもの頃は体重が軽いし体も柔らかいから、転んでも骨折しません。でも、80歳で転ぶと骨折して寝たきりになりやすいですね。**頭が柔らかいうちに、我が子に負ける体験をさせてあげましょう。**

6 同じことをうんざりするまでやる
——「結果を出せる人」の共通点

サッカーの試合では、延長戦でも勝負がつかないと、PKに持ち込まれます。このとき、蹴る選手にかかるプレッシャーは相当なものです。もちろん、競っている試合中にいいボールが回ってきたときにも、「決めなくては」というプレッシャーがかかります。

こういうプレッシャーをはねのけて結果を出せるのは、「運が強い人」ではありません。**「過去にうんざりするほど基本的な練習を重ねてきた人」**です。〝もっている〟選手は、持てるだけの努力や練習を積んでいます。

うんざりするほどの積み重ねがあるからこそ、余計な不安に囚われることなく、そのときにやらなければならないことに沿って体も動くのです。

プレッシャーに強い子どもに育てるために効果的なのが、ある時期に同じことを嫌というほどやらせるという方法です。

私の塾では、中学校を受験する子どもたちに、5週連続で模試を受けさせたりしています。これだけ連続すると、いい成績が取れることも、ヤバい判定を食らってしまうこともあります。でも、すぐに次の模試があるので、大変すぎて一回一回の成績に一喜一憂していられません。

挫折はするけれど、打ち砕かれるほどの時間もないため、いつの間にかしっかり立ち直ってしまいます。

みなさんが経験してきた恋愛を思い出してみれば、納得感も高まるでしょう。

中学生くらいから同級生を意識したり、緊張しつつ告白してみたり、デートのまねごとなどをしたりしてきた人は、大人になって失恋しても、なんとか立ち直れたことでしょう。とくに、誘った相手に断られても懲りずに何度も繰り返してきた人ほど、立ち直りは早いものです。

でも、そうした経験を持たず、社会人になって初めて好きな人に思いを伝えたら玉砕したというケースはなかなか大変です。恋愛に懲りてしまったり、こじらせてしまったりもしかねません。

恋愛は、人間が生きていく上でとても大事な要素ではあるけれど、大騒ぎするほどのことでもありません。ただ、チャレンジした回数が少なければ、必要以上に大変なことに感じられてしまいます。

恋愛に限らず、世の中の物事のほとんどがそうでしょう。

我が子が、なにかプレッシャーを感じているような要素があったら、**考える暇もないほど経験させてしまうのも一つの方法**です。

7 大人の怒りを察知、理解できる ——「怒られない時代」で損をする可能性

学校のみならず、職場でも「怒る」という行為は忌避されつつあります。部下の育て方マニュアルには、「怒るのではなく叱ることが大事」などと書かれています。

つまり、感情的に爆発するのではなく、冷静に直すべきところを指摘しろ、ということでしょう。

こうした風潮にあって、教師も上司も「怒らないように、怒らないように」と自分を律していきます。でも、行動を律しているだけであって、「なにやってんだよ」「ダメじゃないか」と湧き出る衝動がなくなっているのではありません。ただ、それを出してはいけない

から、言葉を選んで丁寧に接しているわけです。

もちろん、世の中にはひどい教師も上司も存在しており、彼らは不条理に怒鳴り散らしたり、ときに暴力的になったりします。そのために、将来をズタズタにされてしまう子どもや部下がいるのは事実です。だから、「怒ってはいけない」という流れ自体は歓迎されるところです。

だからといって、**「相手が怒りの感情を抱いたかもしれない」ということに鈍感な子どもでいてほしくもない**のです。

大人の顔色を窺えという意味ではありません。「もしかしたら自分は悪いことをしたのかもしれない」という**内省は、誰も怒ってくれない時代だからこそ必須**です。

繰り返し述べますが、ＡＩが台頭するデジタルの時代には、ときおり発生するアナログの関係の重みが増します。たまに教師や上司が注意してくれること、注意まではしてくれないけれど、**なんとなく諭してくれることの価値は非常に大きい**のです。

それを正しく察知できる子どもに育てましょう。

8 自分のアイデンティティがわかる
——「英語だけ」では国際人になれない時代

今後さらにグローバル化が進み、とくにビジネスにおいて国境はあまり意味を持たなくなります。みなさんの子どもたちの時代には、望むと望まざるとにかかわらず、**誰もが「国際人」として働かねばなりません。**

こうした状況にあって、たしかに語学力はあったほうが有利です。しかし、流暢に英語がしゃべれる人と、まったくダメな人の差は、AIが登場したことでうんと縮小していきます。実際に、「ハロー」と「サンキュー」くらいしか言えない人でも、翻訳ソフトを使うことで充分に外国人相手の商売ができています。

一方で、いくら流暢な英語を披露しても、「この人と一緒に仕事がしたい」という魅力を出せなければ、語学力などなんの役にも立ちません。

外国人や外国企業を相手にするときに問われるのは、**「この人はどれほど英語が話せるか」ではなく「この人はどういうアイデンティティの持ち主か」**です。

まず、忘れてはならないのは、私たちは日本人だということです。そのため**日本の文化や歴史を理解し、伝えられる人でなくてはなりません**。その上で、他国で活動する意味を説明できてこそ、相手は認めてくれるでしょう。

サッカー選手であっても同様です。日本人に限らず海外で活躍できている選手は、みんな母国を深く理解し、誇りに思っています。そうした軸がないと、いくらぺらぺら英語で話すことができてもダメなのです。真の国際人は、語学だけでなく、文化・文学・音楽・スポーツなどにも造詣があるものです。

これからは、**自分のアイデンティティについて、きちんと述べられる子ども**が求められます。そのためにも、**語学を学ばせるだけでなく、普段から家族で日本の文化や歴史について話す**といいでしょう。もちろん、ほかの国々についても、いろいろ教えてあげましょう。

みなさんの成功法則を子どもたちの将来にあてはめてはなりませんが、経験してきたこと自体については、なんでも話してあげましょう。

9　ＡＩを知識合戦に利用しない
――創造的な部分を伸ばす

これからは試験のあり方が変わり、**暗記力や計算力はたいした強みにはなりません。**すでに、電卓や参考書などの持ち込みが許可されている試験が増えていますし、すぐにスマホもＯＫになるでしょう。

だって、実際の社会ではみんなスマホを活用して暮らしているのです。お金が絡んだビジネスでは使っていいのに試験ではＮＧというのは、かえって社会不適合者を育てる結果になってしまいます。

では、みんながＡＩ機器を持ち込むような試験で、他者に差をつけて、いい成績が取れるのはどんな子どもでしょうか。おそらく、**ＡＩではカバーできない創造的な部分で、考える力を発揮できる子ども**です。

要するに、暗記力や計算力を補完するためにＡＩを用いているだけの子どもは勝てないわけです。

同様のことは、日々の学びの場にもあてはまります。AIを活用すれば、知らないことをいくらでも調べられます。だから、知識量では差がつきにくくなっており、ここでも、AIの力が及ばないところで勝負が決まります。

AIは使いこなせなければならないけれど、**どこで「使いこなしている」と判断するか**が問題。知識合戦に勝つために活用しているようでは考える力が育たず、最終的にはAIに使われる立場になってしまいます。

まさに、ジレンマの時代でもあるのです。

10 カリスマを真似ない
――ロジックで考え、ロジックで動ける子を

スポーツ界なら大谷翔平選手、八村塁選手、三笘薫選手あたりが、今の子どもたちにとっての憧れでしょうか。いや、むしろ、ゲーマーやユーチューバーに、そうした憧れを持っているのかもしれません。

ただ、どのような世界であっても、**カリスマの真似をすると失敗します**。彼らは、もと

もと見えている世界が違うからです。

もちろん、カリスマと呼ばれるような人たちも大変な努力をしています。しかし、見えている世界が違う中でその努力を真似ても、同じところには行き着きません。むしろ、ニーズのないおかしなところに辿り着いてしまいます。つまり、**稼げる人間に育ちません。**

そもそも、カリスマに憧れ真似をしようとした段階で、間違いなくその子はカリスマとして生まれついていないわけです。だとしたら、憧れに留めさせ、**確実に稼げる方向に進ませましょう。**

努力は大事ですが、**努力が届かない領域がある**ということは、子どもも知っておかねばなりません。

私の塾に、「モンスター」とでも表現したくなる子どもがいます。とにかく次元が異なる優秀さで、普通の問題集では満足できず、自分で「プレ開成入試」なるものをつくったりして勉強しています。しかも、その内容は、東大出の講師でも簡単には解けないほど高度です。また、この間も、プログラミングを利用して算数の問題を自分で作っている子もいました。

そうした子が勉強に集中しているときには、小学生ながら殺気のようなものを発しており、話しかけることさえ憚《はばか》られる雰囲気です。

そういう子が、日本中に50人くらいいるとしたらどうするか。

そのときに**大事なのはロジックです。**

モンスターのような天才に交ざって1番になろうとしても絶対に無理です。一方で、相当に優秀な子どもなら、上位2割くらいを目指すことはできるでしょう。そのために、どんなことを積み重ねるべきかをロジックで検討すればいいのです。

親がロジックを持って教育し、ロジックで考えられる子どもに育てましょう。

これから起きる数々の変化によって、みなさんの子どもたちは、大変な思いをすることもあるでしょう。しかし、どういう局面においてもロジックで考え判断できれば大丈夫です。

それに、**ロジックさえしっかり確立すれば、どんな人でも大儲けできる面白い時代**とも言えます。我が子に、そこをしっかり認識して貰いましょう。

11 文武両道
――なんでも面白がる子が有利になる

本来は、「学や知識がありながら武道の技量も高い」という人を表した「文武両道」。現代ではもっぱら「勉強もスポーツも秀でている」という意味に使われ、教育現場でも長く子どもたちの理想的なあり方とされてきました。

ただ、実際には、「いい大学を目指して受験勉強をしているときにスポーツどころじゃない」「スポーツで身を立てようと思っているから勉強なんてどうでもいい」といったように、文武両道を目指せばどっちつかずになってしまうから、どちらか一方に集中することが大事だ、というのが多くの人の考えでした。

でも、これからは、**勉強もスポーツも頑張る子どもが有利**と言えます。それだけでなく、遊びも含め、**なんでも受け入れ自分のものにできる子が有利**です。

今後、AIはあらゆる分野に進出し、人間に代わって仕事をします。そのときに、いろいろなことをやっている子どもは、「これはAIにかなわない」「これならAIを活用する側に回れる」など、多くの判断材料を持つことができます。しかし、最初から絞ってしまえば、そうはいきません。

一口にスポーツ界と言っても、そこで必要とされているのは監督やコーチ、選手ばかりではありません。トレーナー、栄養士、通訳……など実にさまざまな種類の仕事があるし、それらの仕事もどんどん変化していくことでしょう。

たとえば、理数系の勉強に没頭する傍ら野球をかじっていた子どもが、ＡＩを使いこなして選手のデータ管理の仕事をしたり、効率的な練習システムの開発に携わったりするようになるかもしれません。

かつてのように、大袈裟《おおげさ》な文武両道でなくていいのです。「文武両道とは、どちらにおいても１００パーセントの努力をすることである」などと考えず、**「いろいろなことに興味を持てること」くらいの柔らかな意識**でいることをすすめます。

もちろん、「文」と「武」の割合が5対5である必要はありません。7対3でも、1対9でもいいのです。**自分の可能性を狭めずに、なんでも面白がる子ども**でいて貫いましょう。可能性は無限です。

12 笑顔でいる
――笑顔の価値は今後上がっていく

多くの人が、ＳＮＳにアップする自分の写真をより良く加工しています。もちろん、みんなやっていることと織り込み済みだから、なんの問題もありません。

ただ、先にＳＮＳの写真でその人を知り、後から実際の人物に会うというケースでは、やや違和感が生じるかもしれません。

コロナ禍でリアルな入学式や講義に出られなかった大学生が、早く打ち解けられるよう同期の仲間とＳＮＳで交流しておいたものの、実際に会うことになったらかえって緊張してしまったという話を聞いたことがあります。まさに、ＳＮＳの時代ならではの現象です。

普段できていた加工が利かないのが直接面談の場です。ここでは、**ファーストインプレッションが非常に重要**です。ましてや、ＡＩの登場で人と会う機会が減ってくる時代において、その重要性はさらに増します。

では、ファーストインプレッションはどこで決まるのでしょうか。

もちろん、服装や体型などの外見も大きな要素ではあります。しかし、**最も威力を発揮するのは「笑顔」**です。素敵な笑顔を見せられることは、**これまでよりもずっと大きな価値を持ちます。**そんなことが、と思ったら大間違いで、仕事の成果や自分を生かす人脈作りにも、笑顔の力は絶大な効果を発揮します。

好感度が高いといえば、芸人のサンドウィッチマンさん。「日経エンタテインメント！」で毎年行われている「好きな芸人」調査（タレントパワーランキング）で、何年も継続して1位を獲得しています。彼らが人気なのは、芸が非常に優れていることはもちろん、被災した東北をずっと真摯に応援する姿勢が支持されていることに加えて、笑顔が素敵だからだと思います。

サッカーの仕事を通して私は、いい笑顔の選手に何人も会っていますが、なかでも田中碧《あお》選手には「やられた」と思いました。彼が試合中に見せる笑顔、ファンに見せる笑顔は、見ているこちらも幸せにしてくれます。

みなさんにとって、素敵な笑顔とはどんなものでしょう。おそらく、心の底から「楽しい」「嬉しい」を表現しているもので、わざとらしい作り笑顔ではないでしょう。

普段から我が子が、素敵な笑顔でいられるようにしてください。それは必ず、将来の大きな財産になるはずです。

終章　これからを生きるためのヒント

AIは「不器用であること」が苦手。〝不器用と器用の地位〟が入れ替わる時代！

私は本書において、これから起きるだろうと思われる大きな変化と、それによって淘汰されてしまう人々について述べてきました。さらには、我が子を淘汰されない人間にするために親がすべきことについて述べてきました。

これから数年間、私たちは過去に類のない壮大なガラガラポンを見ることになるでしょう。私自身も、どこに放り出されるのかわかりませんし、みなさんも同様だと思います。とんがっている子の才能を伸ばし続けることのできる会社に、若い子は流れていくでしょう。

ただ、不安に押しつぶされる必要はありません。新しい時代は、個人で動ける力がある人にとっては、なかなか明るいものになるはずです。

これまでのように、**組織の歯車として器用に振る舞う人が評価されるのではなく、むしろ、不器用さが器用さに取って代わる時代が来ます。**だからこそ、私は重ねて「**自分の成功体験で子どもを導いてはいけない**」と強調しているのです。

たとえば、タレントだったら、かつては大きな事務所に所属し、振り当てられた仕事を器用にこなしていける人が喜ばれ、たくさん稼げたでしょう。でも、それは過去の成功法則です。

器用にこなすだけなら、ＡＩタレントで充分。これからは、自分の個性をしっかり把握し、個人で売り込んでいける人に活躍の場が与えられるでしょう。

タレントに限らず、どんな仕事でも同様ですが、**「器用さ」はＡＩに代替されます。ＡＩが不得意とする「不器用さ」の中で、自分の個性となるものを打ち出していける人が残る時代**なのです。

価値観が逆転するからこそ、好きなことができる時代

これまで何度も述べてきたように、データを処理する能力では、私たちは絶対にＡＩにかないません。だったら、そこで勝負しないことが重要です。

一方で、ＡＩの得意分野はお任せしてしまうことで、私たちの生活は格段に効率が良くなります。

たとえば、みなさんが個人事業主だとしましょう。これまでなにかしらのソフトを使って自分で確定申告をしていた人ならば、ＡＩの登場によって、その作業は何倍も簡単にな

ります。顧問料を支払って税理士や公認会計士に発注していたなら、そのお金が不要になるでしょう。

こうして士業の仕事は淘汰されてしまう可能性は大きいけれど、ＡＩはたくさんの恩恵も与えてくれます。その恩恵を受け取らない手はありません。

私たちは、**ＡＩに任せられるところは任せ、その分、もっと好きなことをやっていいの**ではないかと思います。

「好きなことなどやっていたら食べていけない」というのが、これまでの成功者の価値観でした。でも、生成ＡＩが進化していけば、**人間として当たり前だと思っていた価値観が、正しいものではなくなる**かもしれません。

もちろん私は、無責任な生き方を推奨しているわけではありません。むしろ、子どもに対する親の責任は大きくなっています。ただ、**「あまり真面目になりすぎるのは危険ですよ」**と言いたいのです。

なぜなら、わからないことだらけだからです。

そういうときには、「ここだけは」という軸や土台を大事にした上で少し気を楽にしましょう。釣り竿を何本も持ち、「どれに引っかかってもいいぞ」とゆったり構えることも大事です。

ただし、そうした準備を一刻も早くしておかないといけません。釣り竿が売り切れてから慌てていたのでは勝負になりません。**変化の時代にグズグズしていることは、真面目にやらないことより遥かにマイナスが大きい**のです。

とくに、子どもたちへのダメージが大きくなるので、グズグズするのは禁物です。

幸せの基準を変えよう

真面目に頑張って成功してきたみなさんにとって、変化の時代の価値観を受け止めるのは難しいかもしれません。しかし、それは子ども世代はもちろん、みなさんの幸せにとっても大事なことです。

少子化が進む日本という国では、これからマーケットは小さくなり、国際的競争力が低下します。はたして、それは不幸なことなのでしょうか。

この国は、そろそろゴール設定を変えなければいけないと私は思っています。

高度経済成長期からバブルにかけて、日本では上へ上へと目指すことがいいとされました。その結果「ジャパンアズナンバーワン」と言われるようになり、一つのゴールを達成したわけです。

しかし、これからもそのゴール設定でいいのでしょうか。これからは北欧の国々のように、人々が心豊かに暮らすことをゴールにすべきではないでしょうか。

かつて世界第2位だったGDPは中国に抜かれ、やがてインドやブラジルにも抜かれるでしょう。ドイツにも抜かれてしまいました。これを「敗北だ」と感じていたら、幸せはどんどん遠のいていきます。

日本はどこよりも安全で、ご飯は美味しく、トイレも清潔です。こんなに暮らしやすい国はないのに、人々が幸福感を抱けずにいます。それは、幸せの定義を「成長すること」「上に行くこと」に置いているからです。

私がサッカーの仕事でよく訪れるスペインやアルゼンチンなどでは、働かないしお金もないけれど、幸せそうに暮らしている多くの人たちに出会います。自殺死亡率（人口10万人当たりの自殺者数）も日本が15・4パーセント（2020年）なのに対して、スペインは7・6パーセント（2021年）、アルゼンチンは6・6パーセント（2020年）で、幸福感の差が数字にも表れています。

私たち日本人がそうなれないのは、単にマインドの問題です。「年収400万円で充分に幸せなんだ」とマインドチェンジした瞬間に、すっかり幸せになれるのです。

大事なことは、変化に抗うことではありません。**変化を受け入れること。受け入れた瞬間に、そこで生き残る波に乗れます。**

もう、世界は変わっています。日本の置かれた立場も変わっています。そして、これから、さらに大きく変わった世界が展開されます。

だから、そこで幸せに生きる術《すべ》を是非、身につけてください。

繰り返し述べますが、それは古い価値観でいる限り、見つかることはありません。

著者略歴

富永雄輔《とみながゆうすけ》

進学塾VAMOS（バモス）代表。
幼少期の10年を過ごしたスペインのマドリッドでサッカーに出会う。
帰国後、日本の中学校・高校を経て京都大学経済学部に入学。
大学卒業後、東京・吉祥寺で「進学塾VAMOS」を設立。
現在は東京都内で5教室を展開。先着順で子どもを受け入れるスタイルでありながら、
毎年首都圏トップクラスの、志望校への高い合格率を誇り、日本屈指の
〝成績が伸びる塾〟として「プレジデントファミリー」「週刊ダイヤモンド」などに登場。
子どもの主体性や個性に着目した論理的な授業で生徒の成績を伸ばし、
圧倒的な支持を集めている。
また全国各地で教育や子育て等に関する講演を多数行っている。
自身のサッカー経験を活かし、現在は塾経営と合わせて、サッカー選手を中心とした
スポーツ選手のマネージメント事業も行っている。
『ひとりっ子の学力の伸ばし方』『男の子の学力の伸ばし方』
『女の子の学力の伸ばし方』（以上、ダイヤモンド社）等著書多数。

幻冬舎新書 737

AIに潰されない
「頭のいい子」の育て方

二〇二四年七月三十日 第一刷発行

著者 富永雄輔
発行人 見城 徹
編集人 小木田順子
編集者 袖山満一子

発行所 株式会社 幻冬舎
〒一五一―〇〇五一 東京都渋谷区千駄ヶ谷四―九―七
電話 〇三―五四一一―六二一一(編集)
〇三―五四一一―六二二二(営業)
公式HP https://www.gentosha.co.jp/

ブックデザイン 鈴木成一デザイン室

印刷・製本所 中央精版印刷株式会社

Printed in Japan ISBN978-4-344-98739-5 C0295
と-7-1

＊この本に関するご意見・ご感想は、左記アンケートフォームからお寄せください。
https://www.gentosha.co.jp/e/

幻冬舎新書

榎本博明
親が「これ」をするだけで、子どもの学力は上がる！

学力を上げるために子どもを塾や習い事に通わせる親は多いが、「もっと効果的な方法がある」と著者は言う。それが「読書」だ。その理由を解説するとともに、子どもが本好きになる、とっておきの方法を伝授。

林成之
子どもの才能は3歳、7歳、10歳で決まる！　脳を鍛える10の方法

年齢ごとに子どもの脳の発達段階は変わるが、それに合わせて子どもをしつけ、教育すると、子どもの才能は驚異的に伸びる！　その方法を、脳医学の知見からわかりやすく解説。

王貞治　岡田武史
人生で本当に大切なこと　壁にぶつかっている君たちへ

野球とサッカーで日本を代表する二人は困難をいかに乗り越えてきたのか。「成長のため怒りや悔しさを抑えるな」など、プレッシャーに打ち克ち、結果を残してきた裏に共通する信念を紹介。

深代千之　長田渚左
スポーツのできる子どもは勉強もできる

「東大入試に体育を」と提唱するスポーツ科学の第一人者と、数々のトップアスリートを取材してきたジャーナリストが、学力と運動能力の驚くべき関係を明らかにする。「文武両道」子育てのすすめ。